KB065524

어서와
명상은
처음이지

지은이 이완과 쉼

차 례

명상 실습 기본편

명상 실습 응용편

호흡을 통한 다양한 명상

글쓰기를 통한 다양한 명상

감각을 통한 다양한 명상

활동을 통한 다양한 명상

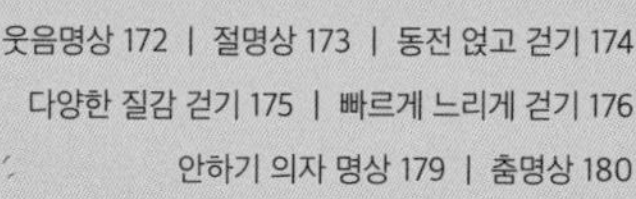

움직임을 통한 다양한 명상

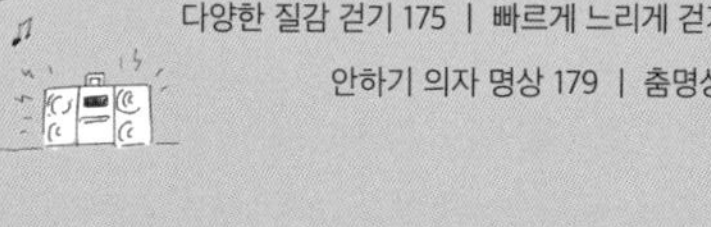

알아차림을 위한 다양한 명상

에필로그

이 정도의 명상이라면 해볼만하다고 생각이 든다면, 일상 속에서 길을 걷다가, 라면을 먹다가, 커피를 마시다가 문득 우리의 책을 떠올렸다면 이 책은 역할을 다한 것이다.

다행히도 이 책을 통하여 명상에 대한 관심이 생

기기 시작했다면 일상에서 꾸준히 실천해보기 바란다. 어느 날 문득 조금은 평온하고 행복해진 자신을 만나보게 될 것이다.

우리 이완과 쉼이 그러했듯 명상은 함께 실천하는 존재가 중요하다. 우리는 서로를 의지하며 앞으로 나아가고 있다. 독자들에게는 우리 이완과 쉼이 그런 존재가 되기를 바란다. 이완과 쉼은 독자들과 함께 꾸준히 명상하는 일상을 살아갈 수 있도록 유튜브와 오프라인 나눔, 강연, 집필 활동 등을 통해 함께 잘 살아가는 방법을 연구하고 나눌 예정이다.

이 책이 과거의 우리처럼 힘겨운 삶을 살아가고 있을 누군가에게 실낱같은 희망이라도 되었기를 진심으로 바라며 이 책을 마친다. 끝까지 읽어 준 모든 독자들에게 깊은 감사의 마음을 전하고 싶다.

미주

[1] 내면소통, 인플루엔셜, 2023

[2] 네이버 지식백과

[3] 2022.06.29. 법보신문

[4] 명상과학 입문, 담앤북스, 2021

[5] 텔로미어(telomere) - 세포의 염색체 말단부가 풀어지지 않도록 보호하는 단백질 성분의 핵산 서열을 지칭하며, 세포가 한번 분열할 때마다 그 길이가 짧아지며 그에 따라 세포는 점차 노화되어 죽게 된다.(네이버 오픈사전)

[6] 명상과학 입문, 담앤북스, 2021

[7] 주의를 두고자 하는 자극을 선택하는 능력

[8] Hojins and Adair, 2010

[9] 명상과학 입문, 담앤북스, 2021

[10] Nidich,S.I., & Nidich,R. J. 2011

[11] https://hbr.org/2016/11/3-ways-to-better-understand-your-emotions

초판 1쇄 발행 2024년 5월 21일

지은이 이완 이희정 & 쉼 김지원
그린이 김대우
디자인 이완 이희정

펴낸곳 반달뜨는꽃섬
등 록 제 2017-000109호
주 소 서울시 송파구 삼전로 10길50
전 화 010-2038-1112
팩 스 0505-540-1112
이메일 itokntok@naver.com

ISBN 979-11-91604-30-6 (03190)

추천의 글

정보화 시대를 살아가는 현대인들은 스마트폰만 클릭해도 수많은 정보를 접할 수 있기에 평온한 마음으로 일상을 살아가기가 힘들다. 번잡한 마음을 쉬게 하기 위하여 많은 이들이 명상을 찾고 있다.

잠시 여유를 내어 소음 없는 숲속 길을 주의집중하여 걷다 보면, 마음의 눈이 열리게 되고, 고요한 마음으로 소통이 일어나게 될 것이다. 울창한 나무가 보이고, 새소리가 들리고, 풀 향기에 주의를 기울이게 되면, 어느새 "아! 참 좋다!"라는 기쁨을 맞이할 수 있다.

이처럼 명상은 언제 어디서나 여유를 갖고, 자기 자신을 있는 그대로 통찰할 수 있도록 해준다. 이를 통해 마음 근력이 살아나 일상의 삶이 더 지혜롭고 자애로울 수 있을 것이다.

저자인 이완과 쉼은 동국대학교 미래융합 명상지도자 과정 내내 성실하고 적극적인 태도로 임하였으며, 이렇게 쉽고도 명쾌한 명상 입문서까지 집필한 것에 대하여 주임 강사로서 매우 자랑스럽게 생각한다.

『어서 와, 명상은 처음이지?』는 명상 수행에 접근하기를 희망하는 이들을 위해 간결하면서도 쉽게 사례 위주로 쓰여진 친절한 명상 입문서이다.

최근 명상에 대한 대중의 이해가 높아지고 있으며, 특히 많은 젊은이들이 명상에 관심을 가지는 모습을 볼 때 이 책은 많은 독자들의 마음을 평화와 행복으로 인도해 줄 것으로 믿는다.

혜명 김말환_동국대 미래융합교육원 박사

한의사로 40년 가까운 세월 아픈 사람들과 만나면서 '몸 건강'과 '마음 건강'이 따로 있을 수 없다는 것을 절실히 느낀다.

몸 건강을 위해 적절한 운동이 필요하듯 마음 건강을 위해서 '명상'이 필수적이라고 생각해왔는데 두 저자가 명상 입문서를 썼다고 해서 반갑고 고마운 마음이었다. 명상에 대한 이해와 다양한 명상법까지 소개한 친절한 책이다. 두 저자가 긴 시간동안 명상을 하며 배우고 익힌 노하우를 전하기 위해 이 책을 쓰신 것에 감사한다!

김진호_한의사

'나는 어디에서 와서, 무엇을 하다가, 어디로 가는가?'에 대한 답을 찾고 싶은 분들에게 이 책은 방법을 알려 줄 것이다. 이 책은 명상이라는 것이 결코 어렵거나 힘든 것이 아니라 일상에서도 쉽게 할 수 있다는 자신감을 불어넣어 일반인들이 명상을 접할 수 있도록 안내하는 네비게이션의 역할을 할 것이다.

저자들이 알려주는 다양한 명상 방법 중에서 자신에게

맞는 것을 활용하여 보다 많은 분들이 안락하고, 행복하고, 편안하기를 기원하는 마음으로 이 책의 일독을 추천한다.

海東 이길환_명상지도자, 전 정독도서관 관장

IMF때 입사 후 한 회사에서만 26년 동안 근무해 왔다. 조직생활을 하면서 특히 최근 5년간 정신적으로 고통을 받는 동료나 후배들을 심심치 않게 목도하고 있다. 이러한 상황은 개인의 성장과 더불어 조직의 성장과 성과에도 악영향을 미치는 사례로 이어지고 있다. 인간의 기본적인 욕구가 충족됨에 따라 삶의 본질을 고민하고 존재의 이유에 대해 주변과 갈등하는 상황에서 마음을 다스리는데 실패하기 때문이라 보인다.

회사같은 조직 차원에서 구성원들을 위한 마음돌봄이 필요하다고 생각하는 와중에 이 책의 등장이 반가왔다. 마음을 다스리는데 탁월한 효과가 있는 명상, 보다 쉽게 그 길로 인도하는 안내서가 되리라 기대하며 같은 고민을 하고 있는 이들에게 추천한다.

이현복_현대모비스 상무이사

이 책은 앞만 보고 달려온 대부분의 현대인들에게 명상을 통해 온전히 나에게 집중하고 모든 것에 감사하게 될 수 있는 기회를 가져보도록 가르쳐 줄 것 이다.

뒤돌아 보면 치열한 경쟁의 잔해만 남아 있어 녹초가 되어 있을 나 자신이 더 행복하게 나아갈 수 있는 힘을 가질 수 있도록, 저마다의 기호에 맞게 쉽고 다양하게 접근할 수 있는 방법을 안내해 줄 것이다.

김익수_박사, 삼성전자 마스터

자신의 어려운 시기를 잘 견뎌내고, 그 견뎌낸 방법을 짧지만 기록으로 남긴 두 분의 태도에 감사의 말을 먼저 전한다. 명상을 처음 접한 사람들이 궁금할 수 있는 것들을 순서대로 그림을 그리듯이 설명해 주고 있다. 명상이 필요한 이유와 효과, 그리고 실천할 수 있는 명상의 종류 그래서 일상에서 간단하게 해 볼 수 있는 명상 실천 방법을 이 책에서 알려준다.

명상 실천을 하기 위해서는 일단 자리에 앉아서 내 호흡에 집중을 해 본다. 명상의 목적은 집중과 평화와 고요에 있지 않다. 혼란스럽고 산만한 마음을 알아차림 하는 것이다. 대상을 두고 집중을 하다보면 나를 끌고 가는 생각이나 느낌과 몸의 감각이 있다는 것을 알 수 있다. 이 책에서 제시하는 일상 명상 방법 중 어느 것이라도 시작하면 어느새 명상의 길로 접어 들었음을 알게 될 것이다.

조진희_위례인생학교 학교 기획 및 명상 진행자

명상을 꾸준히 해 온 사람으로서, 이 좋은 것을 많은 분들이 알았으면 좋겠다는 생각을 늘 해왔었다. 그러나 누군가 “명상 왜 하는거야?” “명상 어떻게 하는 건데? 눈 감고 앉아 있으면 돼?” 라고 물으면 간단하게 대답하지 못해 장황한 설명을 하고는 했었다. 이제 그 질문에 간단하지만 아주 체계적으로 대답해줄 수 있을 것 같다. “이 책 읽어봐!” 『어서와, 명상은 처음이지?』는 명상의 세계를 핵심만 쏙쏙 골라서 재밌게 만든 지도 같다. 독자분들께서 이 ‘지도’ 한 장 들고 여행 온 듯 명상을 즐기시며, 일상 속 몸과 마음에 온전한 ‘이완’과 ‘쉼’을 주실 수 있기를, 그리하여 많은 순간 ‘평온’에 닿으실 수 있기를 진심으로 응원한다.

평온선회_명상 안내자

명상은 마음을 비우는 것이지만 아이러니하게도 많은 사람들이 대체 명상을 하면 뭐가 좋은지, 즉 무엇이 채워지는지를 묻는다. 이제는 이 어려운 질문에 쉽게 말할 수 있다. 『어서 와, 명상은 처음이지?』를 읽어 보시라고. 이 책을 미리 알았더라면 명상을 함에 있어서 이토록 많은 시행착오를 겪지 않았을 것이다. 오랫동안 생활 명상을 수행한 두 저자의 실질적인 명상법을 통해 뜬구름처럼 느껴졌던 명상이 명징해진다. 마음챙김이 필요한 모두에게 든든한 동반자가 되어 줄 것이다.

강가희_작가

명상을 위한 명상이 되지 않을 수 있는 책! 생활 속에서 마음만 먹으면 바로 명상으로 빠져들 수 있으며, 시간과 깊이도 나 자신이 컨트롤 할 수 있다는 것을 이 책을 통해 깨달을 수 있었다. 명상 레시피같은 『어서 와, 명상은 처음이지?』 '심플하게 명상 할 수 있다'는 자신감을 통해 명상이 되게 하는 유익한 책이라 생각한다.

박진영_더스토리뮤지엄 대표, 한국인간과학연구소 분당소장

15년간 근막관리를 하면서 근육근막이 뭉쳐 있으면 마음이나 생각도 굳어져 이완되지 않고, 명상도 쉽지 않다는 것을 알게 되었다.

『어서 와, 명상은 처음이지?』는 명상을 생활 속에서 편하게 할 수 있는 쉬운 설명과 다양하고 구체적인 실천 방법들을 정리한 실용적인 가이드다. 이 책에는 명상을 통해 치유를 경험했던 저자들이 힘들고 방황하는 사람들에게 도움을 주고자 하는 마음이 고스란히 담겨 있다. 초보자 뿐만 아니라 명상을 좋아하는 분들도 생활화 하는데 도움이 될 고마운 책이다. 적극 추천한다

이은수_바른몸애 힐가 강남점 원장

저자들은 자기 분야에서 20년 이상을 최선을 다해 살아왔다. 그들의 치열했던 인생에 대한 선물로 명상이라는 평온함과 자유로움을 만날 수 있지 않았을까?

우리는 사회적 성공을 얻기 위해 번아웃과 고통이라는 대가를 치러야 한다는 사실을 당연하게 받아들이면서 살아온 것 같다. 『어서 와, 명상은 처음이지?』는 이제 '애씀'과

'최선'을 내려놓자고 말하고 있다. 쉬운 명상으로 더 쉽게 삶을 살 수 있다는 것을 전달해주고 싶은 저자들의 마음이 느껴진다.

김윤권_광주도예문화센터 대표

이 책은 명상이 무엇인지, 명상은 어떻게 하는지, 명상을 하면 어떤 점이 좋은지, 명상은 어떤 마음가짐으로 해야 하는지를 친절하게 또 재미있고 친근하게 설명해주고 있다.

자연치유를 지향하는 사람들뿐만 아니라 현대인들에게 도움이 되는 책으로 이 책을 적극 추천한다.

명상은 당신의 삶을 바꾸어 줄 수 있다.

이도규_자연치유사

누구나 한번쯤 일상 속 on 버튼을 off 하고 싶을 때가 있다. 애쓰지 않고 영리하게 off 할 수 있는 방법, '명상'이 있다.

이 책은 치열한 일상을 살아내고 있는 현대인들이 명상을 통해 행복을 느낄 수 있도록 돕는다. 평소 도예작업을 통해 시간의 아름다움을 탐구하고 누구보다 사람의 행복을 추구하던 나였기에 이 책이 더욱 반갑다.

번아웃을 명상을 통해 극복했던 저자들이 자신의 경험과 시행착오를 토대로 누구라도 손쉽게 실천해볼 수 있는 방법들을 소개해주고 있다. 먼저 삶의 돌파구를 찾은 저자들의 수고로 말미암아 우리네 일상이 어제보다 조금 더 행복해지길 기대 해본다.

조성모_대한민국 신지식인, 도예가, 교수, 운명해설가

프롤로그

지나치게 열심히 살아 오다 번아웃을 경험하고, 애쓰지 않는 평온한 삶을 살고자 헤매던 이완.

남의 기준에 맞추기 위해 나에게 무관심했던 삶, 어디서 오는지도 모르는 괴로움에서 벗어나고자 몸부림치던 쉼.

우리는 제대로 숨 쉬며 살기 위하여 방황하던 중

서로를 만나게 되었다.

혼자 외로이 찾아 헤매이던 나를 사랑하는 길, 둘이 함께 힘을 모으자 드디어 길이 열리기 시작했다.

우리를 괴로움에서 벗어나게 해줄 것 같은 곳은 어디나 찾아다니기 시작했다. 많은 시간과 돈을 들여 닥치는 대로 체험하면서 얻은 것도 많았고, 실망하고 지치기도 했다.

어쨌든 단계 단계마다 우리는 조금씩 나아지기 시작했다. 우리가 겪은 시행착오들은 무수히 쌓여 경험이 되었고, 우리는 그 안에서 나름대로의 길을 찾아 왔다.

우리처럼 힘들어하는 사람들이 우리와 같은 시행착오를 겪을 생각을 하니 너무나 안타까웠다. 우리가 책을 쓰게 된 이유가 바로 여기에 있다. 괴로움 속에 있는 사람들이 우리처럼 힘든 과정을 거치지 않고 명상을 접할 수 있게 되기를 바라는 마음에서 이 책은 출발했다.

혹자는 명상을 너무 쉽고 가볍게 접근한 것이 아닐까 우려할 수도 있다. 그러나 실제로 우리가 접해왔던 명상은 진입장벽이 낮지 않았다. 낯선 분위기로 인해 아예 다가가지 못하고 문 앞에서 기웃거리다 물러서는 사람을 많이 보았다.

명상에 대해 들어본 적도 없거나, 명상이 종교적인 행위라고 여기는 사람, 명상을 하고 싶었으나 엄두가 나지 않아 포기했던 사람들이 많을 것이다. 우리는 이 책을 통해 명상은 낯설고 어려운 것이 아니며 일상 속에서 쉽게 할 수 있다는 것을 보여주고 싶었다.

이 책을 접하게 된 독자들이 소소한 일상 속에서 어렵지 않게 명상을 경험하고, 스스로를 돌아보며 사랑하는 계기가 되기를 진심으로 바란다.

명상의 의미

명상은 기원전 5세기 경부터 전해 내려오고 있으며, 명상의 명은 어둡다(冥), 그윽하다(瞑), 눈을 감다(瞑), 상은 생각하다(想)의 뜻으로 '눈을 감고 그윽하게 생각하다'라는 의미이다. 그러나 명상 수행의 입장에서 명상은 생각을 하는 것이 아니라 생각을 알아차리고 지켜봄으로써 생각없는 고요한 마음, 무심에 도달하는 것이다.

명상은 지금 여기, 현재의 순간을 있는 그대로 주의집중하여 바라보는 것으로 종교적인 색채를 너머 인간의 내적 통찰과 성장을 돕는 훌륭한 훈련과정이다.

영어로는 'meditation'이라 하며 그 어원은 라틴어 meditare(치료)에서 유래하였다. '치료'라는 의미의 어원 때문일까? 명상의 효과에 대한 연구는 1950년 와일더 펜필드(Dr. Wilder Penfield)와 같은 과학자들의 연구로 시작해 관련 논문은 2007년부터 2016년 사이 연간 1,000편 이상 되는 것으로 알려져 있다.[1]

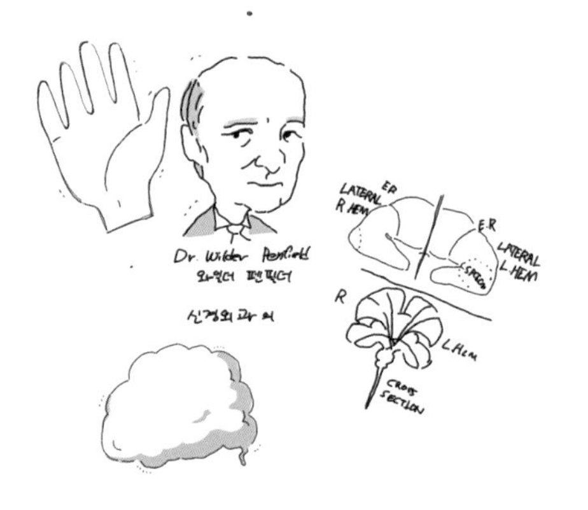

미국의 시사주간지 Time은 2003년 8월호를 '명상의 과학(The Science of Meditation)'으로, 2014년 2월 '마음챙김 혁명(The Mindful Revolution)'이라는 주제로 서구에 불고 있는 명상에 대해 대대적으로 다루기도 했다.

오랜 기간 명상은 동양 불교의 수행법 이라고만 인식되어져 왔으나 글로벌 기업 구글은 2007년부터 전직원에게 명상 프로그램을 제공하고 있을 만큼 서양에서의 명상은 보편화되어 있다. 동양에서 서양으로 전해졌던 명상이 다시 동양으로, 전세계로 퍼져나가고 있는 것이다.

정보산업사회를 살고 있는 우리는 단순하게 해결할 수 없는 다양한 문제들과 개개인의 심리적 불안, 스트레스, 우울, 심지어 자살에 이르기까지 심각한 문제에 직면해 있다. 이러한 문제를 극복하기 위해서는 우리가 살아 온 방식을 되돌아 볼 필요가 있다.

우리는 나 자신을 바라보기 보다 사회적인 기준이나 타인의 시선과 같은 외적 대상을 향한 사고방식과, 부와 명예 등을 끊임없이 추구해 오던 생활방식에 익숙해져 있다. 이러한 외부 지향적 성향으로 인해 무의식적 습관을 쉽게 멈출 수가 없는 것이 현실이다. 명상이 필요한 이유가 여기에 있다고 할 수 있겠다. 우리는 명상을 통해 무의식적인 습관을 멈추고 지금 이 순간을 지켜보고 알아차림으로써 평온하고 행복한 삶을 살 수 있다.

명상의 종류

명상은 오랜 역사와 전통 만큼이나 다양한 종류와 방법이 있기 때문에 하나의 기준으로 정의하기는 어렵다. 본 책에서는 이후 다룰 실천법과 연관하여 분류하였다.

Aum

초월명상(Transcendental Meditation)

초월명상은 신과 같은 초월적 존재에게 자신을 내맡기는 것으로 만트라를 기반으로 하는 명상 기법이다. 대표적인 것이 '옴(Aum)' 명상이다. 특정한 진언, 단어를 반복하여 소리내면 몸의 파동과 뇌의 파동이 동시에 일어나면서 빠른 시간 안에 몸과 마음을 깊은 이완상태로 이끌어 준다.

집중명상(Concentrative Meditation)

집중명상은 '호흡'과 같은 하나의 대상에 주의를 집중하는 명상 방법이다. 하나의 대상에 집중하면 다른 잡념이 떠오르지 않게 된다.

집중명상은 사고의 분별에 열려 있는 좌뇌보다 직관력을 열 수 있는 우뇌를 활성화시킨다. 또한 뇌파를 불규칙한 베타파에서 균형 잡힌 알파파로 변화시켜 줌으로써 고요하고 평화로운 감사와 행복의 마음이 일어나게 된다.

마음챙김 명상(Mindfulness Meditation)

마음챙김 명상은 현재의 순간에 비판단적으로 주의를 집중하는 명상 방법이다. 동시에 특정 자극에만 집중하지는 말아야 한다. 예를 들어, 현재의 호흡에 집중하면서 밖에서 음악 소리가 들린다면 음악 소리가 들리는구나 알아차리고, 다른 생각이 일어나면 생각이 일어나는구나 알아차리며 받아들이고 다시 호흡에 집중하는 것이다.

마음챙김 명상의 의미적 유래는 기억하다는 뜻을 가진 팔리어 사띠 sati이며, 지금의 마음을 바로 알아차린다는 의미이다. 영어로는 mindfulness(마음챙김), awareness(알아차림), bare attention(주의집중) 등으로 번역되다가 현재는 'mindfulness'로 정착되었다.

마음챙김 명상은 몸과 마음의 이완과 집중력을 얻는데 큰 효과가 있으며, 40여년 전부터 서양에서 본격적으로 임상에 활용되기 시작하였다. 1979년 미국 메사추세스 주립대 병원에서 첫 선을 보인 마음챙김에 근거한 스트레스 완화 (MBSR : Mindfulness Based Stress Reduction) 프로그램은 이후 많은 프로그램들의 출발점이 되었다고 할 수 있다.

MBSR의 중요한 요소 중 하나인 바디스캔(body scan)은 몸의 각 신체 부위를 하나하나 새롭게 바라보고 알아차리는 명상법이다. 엄지발가락부터 머리에 이르기까지 그동안 의식하지 못했던 신체의 각 부위를 마치 스캔하듯이 관찰하고 집중하여 새롭게 알아차림하는 것이다. 불면증을 완화하는데 도움을 주고 몸과 마음을 이완하여 스트레스 감소에 도움을 준다.

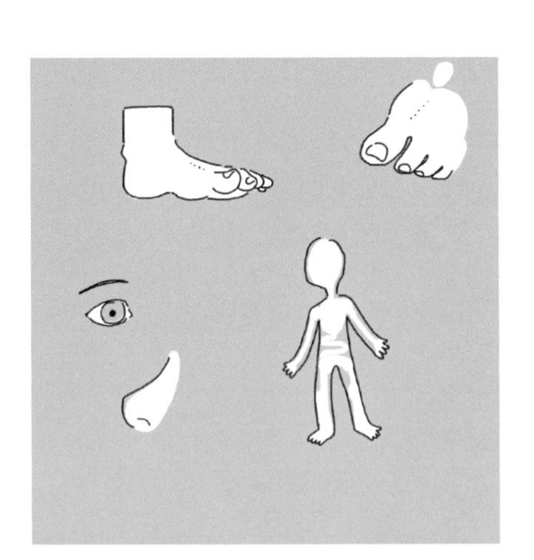

동작명상

흔히 명상하면 고요하게 앉아서 하는 좌선명상을 떠올린다. 동작명상은 그와 구별되는 명상법으로 몸을 움직이면서 몸의 동작을 주의 깊게 관찰하는 명상방법이다. 걷기명상, 절명상, 요가명상, 음악명상, 춤명상 등이 있다. 최근 몸과 마음을 이완하고 치유하기 위해 다양한 동작명상들이 활용되고 있다.

일상생활에서 가장 쉽게 접근할 수 있는 걷기명상은 내가 걷고 있음을 알아차리는 쉽고도 간단한 방법이다. 한 걸음, 한 걸음 걷고 있는 현재 순간에 집중하다 보면 걱정이나 근심, 불안한 마음에서 벗어나 오로지 나에게 주의를 두고 알아차릴 수 있다.

메타명상 (metta, 자애명상)

메타 metta는 자애 또는 우정을 뜻하는 팔리어이며, 메타명상은 흔히 자애명상이라고도 한다. 자신과 다른 사람들에 대한 사랑, 친절, 연민의 감정을 기르는 명상방법이다.

자애는 나와 타인이 평안하고 행복하기를 바라는 마음으로 나 자신을 포함한 모든 생명에게 보내는 가장 친절한 마음이다.

자애명상을 통해 자신과 타인을 사랑하고 더 깊이 이해하고 수용함으로써 스트레스는 감소하고 마음의 안정을 찾을 수 있다. 긍정적인 정서가 증가되고 분노는 감소되며 공감능력이 높아지게 되어 사회적으로 깊은 연결감을 형성할 수 있다.

행복
감사
후

명상의 효과

전전두엽의 발달

뇌는 모든 생물의 생명유지를 위한 필수적인 기능을 담당하고 있다. 인간이 동물과 달리 위대한 문명을 이루어 온 것은 사람에게만 발달되어 있는 전전두엽 때문이다.

이마 바로 뒤에 위치한 전전두엽은 전두엽의 앞부분을 가리키며 기억, 추론, 계획 등 사고기능과 감정을 억제하는 기능을 담당하고 있다. 이 부분은 뇌의 부위 중 가장 나중에 발달하여 18-20세가 되어야 성숙하게 된다.[2] 동국대학교 해부학과 문일수 교수는 전전두엽은 유일하게 사람에게만 잘 발달되어 있어 사람을 사람답게 만든다[3]고 했다.

여러 연구를 통해 명상이 전전두피질의 활동을 증가시키며, 주의력 조절과 관련된 뇌 활동의 증가와도 관련이 있다는 사실이 증명되고 있다. 또한 다양한 뇌파에 관한 연구는 명상을 통해 이완과 안정의 뇌파인 알파파와 세타파가 늘어나고(Chiesa et al, 2011), 고도의 인지작용시 나타나는 뇌파인 감마파(Antonie Lutz & Lawrence L. Greischer, 2004)가 증가함을 보여준다.[4]

명상가와 일반인의 뇌를 비교한 연구결과는 지속적인 명상수련이 뇌의 밀도와 부피, 두께 등의 구조적 변화를 일으켜 인지기능의 저하, 치매와 같은 자연적인 노화를 억제할 수 있음을 시사한다.

스트레스 완화 및 노화 억제

우리의 신체는 스트레스 상황에 있을 때 교감신경계가 활성화되어 심장박동이 빨라지거나 소화 기능 저하, 스트레스 호르몬 증가 등의 현상이 일어난다. 스트레스 호르몬의 분비가 장기적으로 일어나면 고혈압, 심장질환, 비만, 면역 저하, 알츠하이머 등의 질환을 불러오게 된다.

부교감신경계는 교감신경계와 반대로 작동하여 신체의 균형을 유지하는 역할을 하는데, 명상은 이 부교감신경계와 밀접히 관련되어 있다.

처음 명상을 접할 때 졸음이 오거나 잠을 자는 경우가 많다. 이것은 신체가 이완되어 부교감신경계가 활성화된 상태라고 볼 수 있다. 부교감신경계의 활동으로 근긴장도, 혈압, 맥박 등이 감소하며, 각종 스트레스 호르몬의 분비로 인한 질병 발생의 위험이 줄어든다.

또한 스페인에서 진행된 실험에서는 명상 수행자의 텔로미어[5]길이가 초심자의 길이보다 긴 것으로 나타났다.[6] 텔로미어는 세포의 노화와 깊은 관련이 있음을 볼 때 명상을 통해 노화를 억제할 수 있음을 알 수 있다.

메타인지 강화

호흡과 몸의 감각에 집중하는 명상 활동은 명상 수련 기간이 길면 길수록 선택적 주의능력[7]을 높여[8] 과제 수행을 빠르게 한다. (Jha, Krompinger, Baime, 2007) 또한 규칙적으로 명상을 하면 중요한 정보를 더 정확하게 처리하며 장기기억으로 저장하게 된다.

몸과 마음에서 일어나는 것을 있는 그대로 관찰하며 알아차리는 명상 활동은 창의성을 높인다. 명상은 창의성의 가장 큰 특징 중 하나인 '관찰'을 통해 사고의 유연성과 확장성을 증가시키기 때문이다. 있는 그대로의 관찰과 알아차림은 자기 자신에 대한 자각과 이해를 동반하여 자기 자신을 객관적으로 인지하는 메타인지를 강화시킨다.

명상이 문제해결과 의사결정에 미치는 영향에 대해서는 여러 접근의 실험이 있었다. 15분간 명상교육을 한 대학생 그룹을 조사한 결과 부정적인 생각이 줄어들었고(Kiken & Shook, 2014), 장애인에게 자리를 얼마나 양보하는지 알아보는 실험에서는 명상집단이 자리를 더 많이 양보했으며(Condon 등 2013), 명상 수련 후 흑인과 노숙인에 대한 편향조사에서는 이전에 비해 부정적 편향이 유의미하게 감소한 것으로 연구되었다(Kang 등, 2014).

이렇게 다양한 연구 결과는 지속적인 명상 수련이 긍정적인 의사결정, 협력, 도움과 같은 이타적이고 친사회적인 행동을 증가시킨다는 것을 보여준다.[9]

Doing 모드에서 Being 모드로 전환

Doing Mode, 행위양식의 삶은 우리가 원하는 삶의 모습을 머리 속에 그려 놓고, 그것이 곧 실제라고 착각하는 상태를 말한다. 있는 그대로의 세상을 살지 못하고 생각 속 세상을 살아가게 된다. 이렇게 되면 우리 삶 자체는 마치 기계적으로 굴러가는 자동화 모드에 빠지기 시작하며, 우리의 생각과 느낌까지 자동화 시키게 된다.

자동화되고 습관화된 상태에서 정신없이 세상을 살아가게 되면, 지금 이 순간을 알아차리지도, 경험하지도 못하게 된다. 세상과 관계 맺지 못한 채 그저 행위만을 반복하는 삶을 살게 되는 덫에 빠지게 되는 것이다.

우리는 명상을 통해 있는 그대로의 현재를 살아갈 수 있으며 흘러간 과거에 연연하지 않고 오지 않은 미래를 염려하지 않게 된다.

Being Mode, 존재양식은 세상을 경험적인 생각으로 자동 판단하지 않고 있는 그대로 보고 알아차리며 경험하는 삶의 양식을 말한다.

우리가 지금 이 순간에 어떤 판단도 없이 나 자신을 바라보고 주의를 기울이게 되면 우리 삶의 길은 있는 그대로 선명해지고, 우리는 그 안에서 온전히 깨어 있을 수 있다. 외부 환경에 의존하지 않고 삶의 주도권을 가지며 나를 위한 가장 좋은 선택을 할 수 있게 된다. 비로소 인간, Human Being이 되는 것이다.

행복
감사
후

우리의 태도

GOOD
BAD

판단하지 말자 (Non-judgement)

우리는 어떤 상황이나 사람, 다양한 사건, 현상을 경험하기도 전에 좋은 것 혹은 나쁜 것으로 자동적인 판단을 하게 된다. 이러한 '좋다, 나쁘다'의 자동적인 판단은 의견과 관념 등에 기초한 것으로 우리에게 정확한 경험을 할 기회를 주지 않게 된다. 뿐만 아니라 좋은 것을 더 얻고자 하거나 나쁜 것을 피하기 위해 갈등을 겪는 등의 추구를 통해 많은 스트레스를 받게 된다.

어떤 생각이나 감정이 일어나면 자동적인 판단에 의한 것임을 알아차리고 판단을 보류해보자. 일어난 상황이나 사건을 있는 그대로 지켜보는 것이 가장 중요한 태도라고 할 수 있다.

인내심을 가지자 (Patience)

무엇이든 각자 제 나름의 속도에 따라 변화하고 전개되는 것을 이해하고 인정하는 태도이다. 한 두번의 명상으로 큰 변화가 있을 거라고 기대하면 오히려 큰 실망감으로 명상에 대한 회의에 빠질 수 있다.

명상을 통해 긍정적인 경험만 할 수 있는 것은 아니며, 때로 기억조차 하기 싫은 불안을 그저 바라봐야 할 순간이 올 수도 있다. 어떤 현상이 나타나더라도 포기하지 않고 인내심을 가지고 마음을 챙기며 매 순간 지금 여기에 존재한다면 무한한 평화를 경험할 수 있게 된다.

초심을 유지하자 (Beginner's mind)

우리는 익숙하게 아는 것과 경험한 것에 대한 확신으로 인해 진짜 모습을 놓치게 되는 오류를 자주 범하게 된다.

삶의 매 순간에 대해 초심을 잃지 않고 호기심과 열린 마음을 가져야 한다. 오늘의 태양은 어제의 그 태양이 아니고, 오늘의 나 역시 끊임없이 변하고 있다.

매 순간 순간을 초심으로 바라본다면 우리 삶의 모든 순간은 처음처럼 새롭고 흥미롭고 경이로울 것이다.

나는 널 믿어

믿음을 가지자 (Trust)

내 안에서 일어나는 일은 나 자신이 가장 잘 알 수 있다. 내 몸과 마음의 전문가 역시 나 자신이라고 할 수 있다. 내가 다른 누구처럼 될 수 없고 누군가와 동일한 경험을 할 수도 없다. 인생의 순간 순간을 살아가는 것은 바로 나 자신이며 나의 삶을 통한 경험으로부터 얻은 느낌과 직관을 믿어야 한다.

훌륭한 전문가가 좋다고 하더라도 나에게 좋지 않을 수도 있고 다른 사람들이 아무리 나쁘다고 해도 나에게는 좋을 수 있다. 중요한 것은 나 자신의 느낌, 직관을 믿는 것이다.

나 자신에 대한 믿음이 커질수록 타인에 대한 믿음도 커질 수 있음을 잊지 말아야 하겠다.

애쓰지 말자 (Non-Striving)

애쓰지 않음이란 아무것도 하지 말라는 의미가 아니다. 우리는 일상적으로 무엇인가를 이뤄내고, 얻으려고 애쓰는 목적을 가지고 삶을 살게 된다.

명상을 할 때도 더 행복해지기 위해, 더 편안해지기 위하여, 나를 더 잘 알기 위하여 등의 목적을 가지게 될 때가 많다. 물론 명상을 통해 우리는 나를 더 잘 알게 되고 편안해지며 행복하게 된다. 그러나 그것은 명상을 통해 얻게 되는 결과일 뿐 그것이 목적이 되는 순간 해당 결과를 얻기는 쉽지 않음을 알아야 한다.

나 자신은 이미 여기에 존재하며 현재 순간에 머물 뿐 꼭 도달해야 할 목표가 있는 것도, 해야 할 일이 있는 것도, 얻어야 할 것이 있는 것이 아니다. 지나치게 애쓰지 않고 집착없이 그저 삶 자체가 명상이 된다면 좋은 결과는 자연스럽게 나타날 뿐이다.

수용하자 (Acceptance)

수용이란 결코 자신의 가치를 포기하는 수동적인 체험이 아니며 지금 이 순간에 있는 그대로의 나를 알아차리는 것이다. 어떤 것이더라도 있는 그대로를 받아들이는 것이다. 아프면 아프다는 것을 받아들이고 괴로우면 괴로운 것을 받아들일 뿐, 어떤 상황을 피하거나 바꾸려고 할 때 오히려 괴로움만 더해지고 스트레스 속에서 에너지를 소모하게 될 뿐이다.

어떤 고통이 있을 때 그것을 있는 그대로 보지 못하고 왜곡하여 상황을 더 고통스럽게 느끼게 된다면 그 실체를 정확하게 파악할 수 없어 적절한 대응을 할 수 없게 된다. 있는 것을 있는 그대로 바라보고 받아들일 수 있어야 그 상황에 대해 적절하게 대응하는 다음 단계로 나아가게 된다는 것을 잊지 말

내려놓자 (Letting-go)

내려놓자는 것은 결과에 대한 집착이 없는 마음이라고 할 수 있다. 아무리 집착해도 좋은 상태에 계속 머물 수 없고, 아무리 밀어낸다고 해도 나쁜 상태가 사라지지는 않으며 그 집착으로 인해 많은 스트레스를 경험하게 된다.

부정적인 것이든 긍정적인 것이든 그것에 집착하지 말고 그저 바라보며 흘러가도록 내버려두면 된다. 이것은 체념을 뜻하는 것이 아니다. 있는 그대로를 의도적으로 내버려 둘 때 오히려 전체를 포용할 수 있게 되기 때문이다.

아야 하겠다.

명상 실습

기본편

옴명상

'옴(AUM)'이라는 단어를 반복하여 소리내는 명상 기법이다. 옴(AUM)의 A는 창조, U는 유지, M은 소멸을 의미한다.

창조, 유지, 소멸을 반복하여 소리내다 보면 스트레스와 불안 증상이 감소하고 집중력, 창의력 등 두뇌기능이 향상되고 지능이 증가한다.[10]

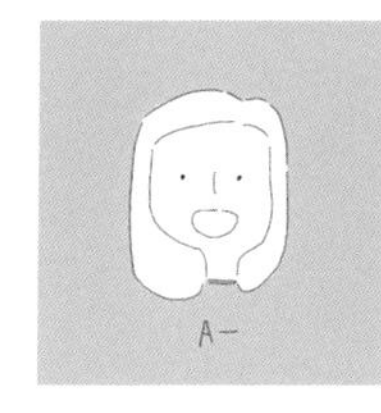

날숨에 A '아' 소리를 내며 가슴에서 울리는 진동을 느껴본다. 날숨에 U '우' 소리를 내며 목에서 울리는 진동을 느껴본다. 날숨에 M '음' 소리를 내며 정수리에서 울리는 진동을 느껴본다. 날숨에 AUM '옴' 소리를 낸다.

처음에는 잡념이 일어나지만 잡념을 알아차리고 반복하다 보면 어느새 머릿속이 깨끗해 질것이다. 마음은 평온하고 따뜻해지며 우리의 삶은 긍정적인 에너지로 가득해질 것이다.

호흡명상 1 - 의미와 효과

우리는 대부분의 시간을 과거에 대해 후회하고, 미래에 대해 걱정하며 살고 있다. 그러나 과거는 지나갔고 미래는 오지 않았다. 오직 우리에게 존재하는 것은 현재 뿐이다. 그리고 현재에 머무는 가장 쉬운 방법은 호흡에 집중하는 것이다.

호흡은 중추신경계와 자율신경계를 통해 우리의 몸과 마음을 연결하는 역할을 한다. 호흡에 집중하면 스트레스와 피로가 해소되고 마음이 고요해지며 몸은 이완되어 평온함을 얻을 수 있다. 또한 뇌파와 혈압을 안정시키며, 혈액순환을 돕고 체온을 유지시켜 준다.

호흡은 곧 우리의 생명을 의미하며, 살아 있다면 누구나 할 수 있는 것으로 모든 명상의 기본 활동이라고 볼 수 있다.

호흡명상 2 - 코 끝의 호흡 관찰

한 손바닥을 펴서 코 끝 가까이 가져가 자연스럽게 숨을 들이쉬고 내쉰다. 코 끝의 공기와 코 끝에서 나오는 숨이 손바닥에 전해지는 감각에 집중한다.

숨을 길게 들이쉬면서 숨을 길게 들이쉰다고 알아차리고, 숨을 짧게 들이쉬면서 숨을 짧게 들이쉰다고 알아차린다.

호흡명상 3 - 복부의 호흡 관찰

숨을 들이 쉴 때 배가 풍선처럼 부풀어 오른다고 상상한다. 숨을 내쉴 때는 풍선의 바람을 뺀다는 느낌으로 배를 등에 붙인다고 생각하며 끝까지 내쉰다.

숨을 들이쉬고 내쉼에 따라 복부가 올라가고 내려가는 것을 느껴본다.

바디스캔(body scan)은 몸의 각 신체 부위를 하나하나 새롭게 바라보고 알아차리는 명상법이다. 엄지발가락부터 발바닥, 발등, 무릎 관절, 허벅지, 배, 등과 몸 속의 장기들, 가슴, 어깨, 턱, 코, 눈, 이마, 머리 등을 생생하게 바라보고 그동안 알아차리지 못했던 신체 각 부위를 알아차리는 것이다. 꾸준히 반복하다 보면 몸과 마음이 크게 이완되고 주의력이 향상되며 마음의 근력이 강해진다.

편안한 곳에 누워 발가락부터 정수리로 올라가며 차근차근 몸 전체의 감각에 집중해 본다. 발가락, 발바닥, 발등, 뒤꿈치, 발목 등 발끝부터 머리끝까지 몸의 다양한 부분으로 섬세하게 주의를 옮기며 어떤 감각이 느껴지는지 관찰한다.

바디스캔을 하는 도중 몸의 어떤 부위에서 아픔이나 불편함이 느껴진다면 시간이 걸리더라도 해당 부위에 조금 더 집중해 보도록 하자. 이렇게 몸 전체에 주의를 집중하여 몸 전체로 숨을 들이 마시고 내쉬어 보며 편안한 마음으로 지금 여기에 존재함을 느껴본다.

바디스캔을 통해 우리의 몸과 바르게 소통하다 보면 우리를 살아 숨쉬게 하는 세포 하나 하나에 감사하는 마음이 퍼져 나가게 되고, 그로 인해 온 몸에 평온한 생명과 감사의 에너지가 가득해짐을 경험하게 될 것이다.

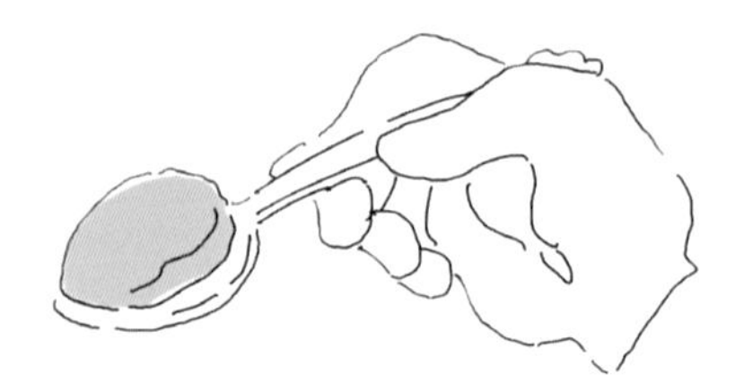

먹기명상

우리는 매일 반복되는 습관에 의하여 자동적으로 음식을 먹고 있다.

먹기명상은 익숙했던 음식에 주의를 집중하여 새롭게 자각하여 알아차림하는 명상방법이다. 먹기명상을 통해 현대인들이 겪는 폭식, 빨리 먹는 습관으로 인한 비만 등을 개선할 수 있다.

음식을 먹을 때 마치 태어나 처음 먹는다는 느낌으로 그 음식이 어떤 색과 모양을 가지고 있는지, 어떤 그릇에 담겨있는지를 충분히 관찰한다. 천천히 음미하듯 향을 맡고 입술에 닿는 느낌, 온도 등은 어떠한지 관찰하며 알아차린다.

혀에 닿는 느낌, 입 안에 닿는 감각을 음미한 뒤 천천히 씹는다. 씹을 때의 질감, 목으로 넘어갈 때의 감각을 섬세하게 지켜보며 먹어보자.

먹기명상은 음식에 대한 소중함을 일깨워주며, 나아가 그 음식이 나에게 오기까지의 모든 과정에 대해 감사함을 느끼게 해준다. 꾸준히 하다 보면, 익숙했던 식사가 놀라운 감사로 가득해질 것이다.

걷기명상

걷기 명상은 내가 걷고 있음을 알아차리는 쉽고도 간단한 방법이다.

한 걸음, 한 걸음 걷고 있는 현재 순간에 집중하다 보면 걱정이나 근심, 불안한 마음에서 벗어나 오로지 나에게 주의를 두고 알아차릴 수 있다.

걷기명상의 출발은 바르게 서는 것부터 시작한다. 몸에 온전히 주의를 집중하고 허리를 바르게 편다. 다리는 어깨 넓이만큼 벌려 서있는 감각을 알아차리며 가만히 느껴본다. 양 발이 땅바닥에 고르게 닿아 있는지 확인하고, 발바닥에 느껴지는 무게를 의식하고 알아차린다.

바르게 선 채 호흡에 집중해본다. 한 발 내딛겠다는 의도를 알아차리고 한 발을 들어올려 앞으로 나아가 땅바닥에 내려놓는다. 발바닥이 땅바닥에 닿는 느낌에 의식을 집중하여 충분하게 느껴본다.

사소하고 당연했던 나의 걸음 걸음은 진정한 나를 찾는 소중한 여정이 될 것이다.

자애명상

자애명상은 자신과 다른 사람들에 대한 사랑, 친절, 연민의 감정을 기르는 명상방법이다.

편안하게 호흡에 집중하면서 내가 평화롭고 행복하기를 바라는 문구를 반복하다 보면 자애의 감정이 일어나게 된다. 이러한 자애심은 주변 지인은 물론 모든 존재로 까지 확대되어 더 큰 사랑과 친절, 연민의 감정을 키워 나갈 수 있게 된다. 나 자신은 물론 세상을 평화롭고 행복하게 만들어주는 명상이라고 할 수 있다.

먼저, 나 자신을 따뜻한 시선으로 바라보며 스스로가 충분히 사랑받을 가치가 있는 존재임을 인정하고 존중한다. 스스로를 미워하거나 원망했다면 자신에게 용서를 구한다. 내가 행복하고 평화롭게 살 수 있기를 바라는 문장을 반복함으로써 나 자신에 대한 자애로운 마음을 가득 채운다.

다음으로 나의 부모님, 친구, 동료 등 나의 주변으로 자애로운 마음을 보낸다.

이번에는 내가 미워하는 사람들이나 내게 상처를 준 사람에게도 자애로운 마음을 가져본다.

이어서, 이 세상 모든 이들에게 자애로운 마음을

확대해 본다.

자애명상은 이성관계에 있는 사람을 위해서는 하지 않는 것이 좋은데, 이는 자애의 마음이 생기기 전에 감각적 욕망에 빠지기 쉽기 때문이다. 또한, 자애명상은 현재 살아있는 타인에게 친절한 마음을 보내는 것으로 죽은 사람에 대해서는 하지 않는다.

자애명상을 통해 나 자신으로부터 출발한 따뜻한 시선이 온 세상으로 퍼져 나가며, 나와 세상을 정화하고 행복하게 해주는 아름다운 경험을 하게 될 것이다.

감사일기

우리 현대인은 바쁜 일상 속에서 감사하는 마음을 잊고 살기 쉽다. 감사일기를 통해 자신의 삶에서 감사할 수 있는 일들에 집중하여 기록하다 보면 스트레스가 감소하고 행복한 마음이 커져 삶의 질이 높아진다.

감사한 일들을 떠올리는 것만으로도 부정적인 생각이 사라져 대인관계가 개선된다. 주위 사람이나 주변을 바라보는 시각이 긍정적으로 변하여 삶이 풍요로워진다.

하루를 돌아보며 감사했던 일들을 3~5가지 찾아

보고 기록한다. 감사한 이유와 감사를 통해 느낀 점도 함께 기록해 본다.

처음에는 한 줄 쓰기도 어색하고 어려울 것이다. 하지만 꾸준히 반복하다 보면 어느새 감사하지 않은 것을 찾기가 오히려 어려워질 것이다. 하루 하루를 감사로 채워 나가다 보면 우리의 인생이 감사로 가득해질 것이다.

20 . .

1.

2.

3.

4.

5.

20 . .

1.

2.

3.

4.

5.

20 . .

1.

2.

3.

4.

5.

명 상 실 습

응
용
편

호흡을
통한

다양한
명상

콧구멍 번갈아 호흡하기 (교호 호흡)

숨을 깊게 들이마신다. 손가락으로 오른쪽 콧구멍을 막고 왼쪽 콧구멍을 통해 숨을 내쉰 뒤, 왼쪽 콧구멍으로 숨을 충분히 들이 마신다. 이제 왼쪽 콧구멍도 막아 숨을 잠시 참고, 오른쪽 콧구멍만 열어서 숨을 내쉰다. 같은 방법으로 좌우 번갈아 숨을 들이마시고, 잠시 멈추고, 내쉬고를 반복한다. 하루 5분 연습으로 시작하여 10~20분까지 늘려본다.

콧구멍을 번갈아 호흡하면 코 점막을 활성화 시켜주고 올바른 코 호흡에 도움을 주며 몸의 균형을 잡아 준다.

호흡에 숫자 붙여보기

하나에 천천히 숨을 들이마시고, 숨을 내뱉는다. 둘을 세며 숨을 들이마시고, 숨을 내뱉는다. 셋, 넷, 다섯까지 숨쉬기를 반복한다.

이번에는 다섯, 넷, 셋, 둘, 하나의 순으로 거꾸로 수를 세며 호흡한다.

숫자를 세어 호흡을 하면 흩어지기 쉬운 집중을 유지하기가 수월해 진다. 점차 숫자를 늘려가며 호흡에 집중해보자.

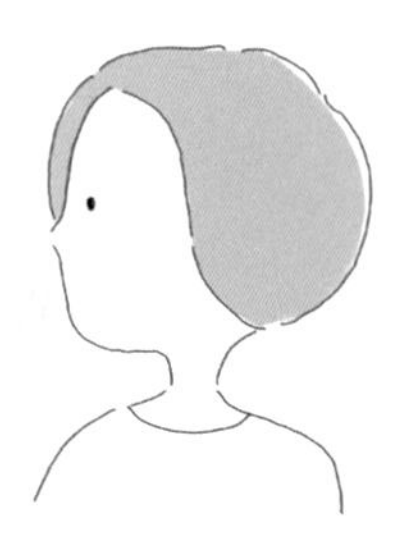

고개 좌우 돌리기 호흡

머리를 오른쪽으로 돌리며 들숨, 왼쪽으로 돌리며 날숨을 쉰다.

숨이 없다면 우리의 생명은 멈추고 만다. 애쓰지 않아도 쉬어지는 호흡을 의식적으로 느껴본다. 호흡을 통해 이어지는 생명에 감사함을 느껴보자.

하늘땅 위아래 호흡

하늘을 보며 들숨을 쉬고, 땅을 보며 날숨을 쉰다.

허리를 펴고 푸르른 하늘이 주는 생명의 에너지를 마셔보자. 몸이 태양빛 에너지로 가득 차오르는 것을 느낄 수 있다.

삼각형 호흡

정삼각형의 면을 따라 숨을 쉰다고 생각하면 호흡이 시각화되어 집중하기 쉬워진다. 왼쪽면을 올라가며 들숨을 쉬고, 오른쪽 면을 내려오며 숨을 내뱉어 본다.

들숨과 날숨이 삼각형의 두 면을 만들어낸다고 생각해보면 숨쉬기에 집중하기가 어렵지 않을 것이다.

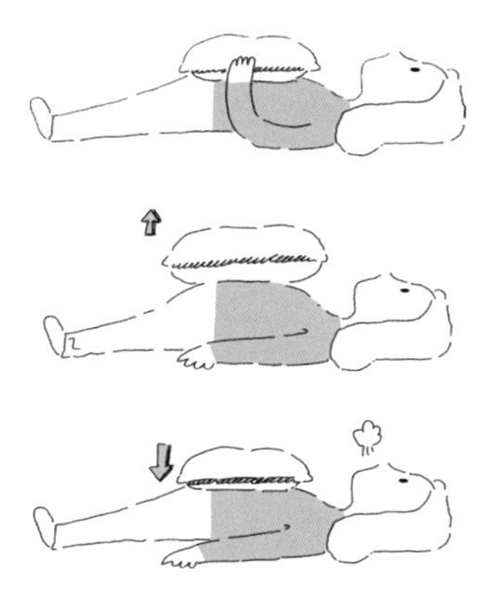

쿠션 호흡

앉거나 누워 배 위에 쿠션을 올려놓고 들숨에 배가 부풀어오르며 쿠션이 위로 올라가는 것을 느낀다. 날숨에 배가 꺼지며 쿠션이 내려오는 것을 관찰한다.

쿠션의 오르내림이 나의 호흡을 시각적으로 보여주므로 호흡에 집중하기가 쉬워지고 재미있어진다.

티슈 호흡

한 겹의 티슈를 손에 잡아 코 앞으로 가져온다. 들숨과 날숨을 쉬며 티슈의 움직임을 관찰한다.

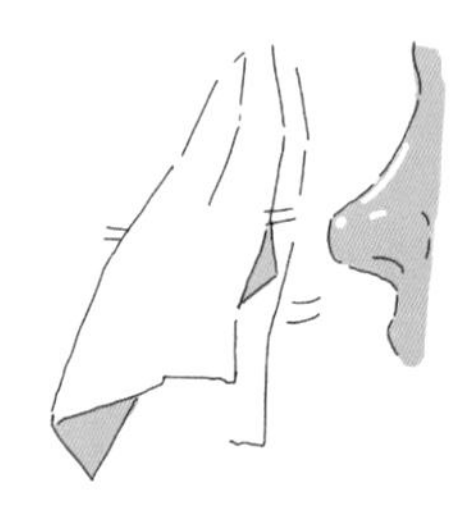

나의 미세한 숨에 따라 티슈가 움직이는 것을 관찰하다 보면 나와 세상이 연결되어 있다는 감각을 느끼게 된다.

주먹호흡

주먹을 펼치며 들숨을 쉬고, 주먹을 쥐며 날숨을 뱉는다. 말랑말랑한 공 혹은 스퀴지를 손에 쥐고 호흡을 해도 좋다.

들숨에 주먹을 펼치며 나의 마음도 활짝 열고, 내쉬는 날숨에 걱정과 스트레스도 모두 뱉아내어 보자.

글쓰기를
통한

다양한
명상

이름 짓기

우리는 태어나면서부터 부모님에게 부여받은 이름으로 살면서 우리도 모르는 사이 스스로를 특정한 모습으로 규정지어 왔다.

이제, 나 자신을 있는 그대로 표현해 줄 수 있는 이름을 지어주면 어떨까. 긴 단어나 문장이어도 좋다. 어떤 것에도 구애 받지 않고 자신을 표현하는 이름을 불러주자. 나 자신이 나에게로 와서 꽃으로 피어날 것이다.

나의 명상일지

꾸준한 명상을 통해 내가 어떻게 달라지고 있는지를 기록해본다. 명상을 통해 느낀 것들을 기록함으로써 있는 그대로 나를 객관적으로 이해하고 알아차리는 기회를 가져본다.

꾸준한 기록을 통해 하루 하루의 작은 변화들이 쌓여가고, 어느새 평온하고 행복한 삶을 살아가고 있는 나 자신을 발견하게 될 것이다.

<나의 명상일지>

하루하루 조금씩이라도 명상하는 시간을 가져보아요

어느새 평온한 일상 속에서 아름다운 삶을 살아가는

자신을 맞이하게 될 거예요

20 . .

오늘 하루는 어땠나요?

오늘 가장 행복했던 순간은 언제였나요?

오늘 가장 힘들었던 순간은 언제였나요?

익숙한 것 중 오늘 처음으로 알아차린 것이 있나요?

짧게라도 명상의 시간을 가져보았나요?

오늘 하루를 잘 살아낸 자신에게 무엇을 선물하고 싶나요?

<나의 명상일지>

하루하루 조금씩이라도 명상하는 시간을 가져보아요
어느새 평온한 일상 속에서 아름다운 삶을 살아가는
자신을 맞이하게 될 거예요

20 . .

오늘 하루는 어땠나요?

오늘 가장 행복했던 순간은 언제였나요?

오늘 가장 힘들었던 순간은 언제였나요?

익숙한 것 중 오늘 처음으로 알아차린 것이 있나요?

짧게라도 명상의 시간을 가져보았나요?

오늘 하루를 잘 살아낸 자신에게 무엇을 선물하고 싶나요?

나를 기쁘게 하기

나는 언제 기쁨을 느끼고 행복한지 알고 있는가? 지금까지 행복하기 위해 시도했던 것이 있었나? 싫어하는 것, 두려운 것은 적극적으로 피하려 노력하지만 자신만의 행복을 위하여 노력한 적은 없었을 것이다.

나 자신을 있는 그대로 바라보고 스스로에게 귀 기울여 주길 바란다. 아주 작고 사소해도 좋으니 나를 기쁘게 하는 것들을 써보고, 적극적으로 실천해 보자.

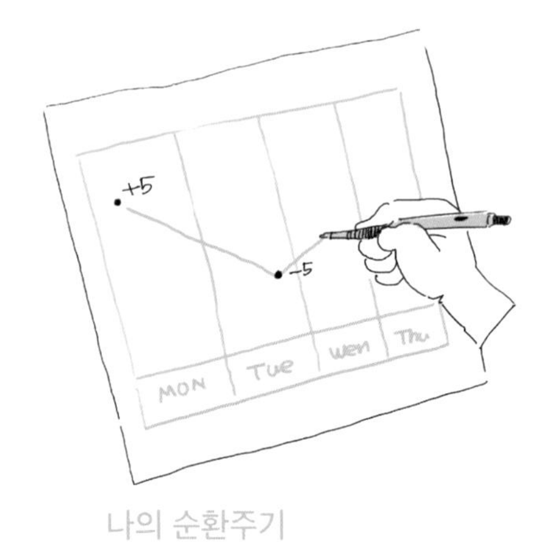

나의 순환주기

인간의 피부는 28일을 주기로 죽은 각질이 떨어져 나가고 새로운 피부가 재생된다. 손톱은 6개월, 근육은 7개월을 주기로 재생된다.

사람의 감정에도 주기가 있다고 한다. 감정기록을 통해 나의 감정 재생주기를 알게 되면 예측이 가능하고 대비할 수 있다.

가로축에는 길게 날짜를 적고 세로축에는 나의 기

분을 -5 ~ +5까지 나타내는 표를 그려본다. 매일 나의 기분을 점수로 표시해보자. 글을 쓰거나 표정을 나타내는 스티커를 사용해도 좋다. 한 달 후 점들을 선으로 이어본다.

여러 달이 모이면 나의 감정 패턴을 볼 수 있다. 감정 그래프는 오르락 내리락 할 것이다. 올라가면 내려오게 되어 있으니 올라간다고 좋아하거나 내려간다고 우울해 할 필요가 없다.

나의 감정이 순환주기를 가진다는 것을 알게 되면 '나'라는 사람을 객관적인 대상으로 바라보게 된다. 감정이나 컨디션에 휩싸이지 않고 현재의 나를 있는 그대로 받아들일 수 있게 된다. 그저 나의 감정이 변해가는 흐름일 뿐 결국 아무 문제가 없음을 알게 될 것이다.

나에게 쓰는 편지

스스로에게 편지를 써보자.

미래의 나, 과거의 나, 힘들었던 나, 상처받은 나… 그 어떤 나에게 보내도 좋다.

스스로에게 사랑과 관심과 위로의 말을 건네 보자. 웅크리고 있던 내 안의 내가 미소를 띄며 답을 보내올 것이다.

확언 카드 만들기

마음이 편안해 지는 말, 나에게 힘을 주는 말을 써서 잘 보이는 곳에 놓아 두자. 확언 카드가 눈에 띌 때마다 반복하여 스스로에게 말해주자.

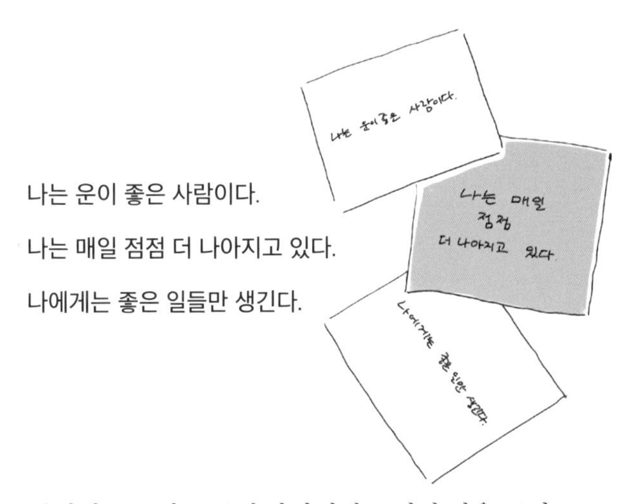

나는 운이 좋은 사람이다.

나는 매일 점점 더 나아지고 있다.

나에게는 좋은 일들만 생긴다.

본인의 목소리를 통해 자신에게 긍정의 힘을 주어 삶은 점점 행복해질 것이다. 스스로에게 주는 긍정의 에너지로 나의 공간이 가득 채워질 것이다.

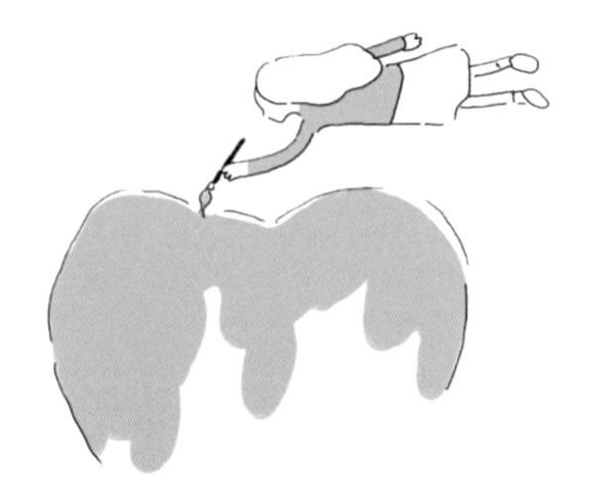

하트 채우기

자신이 무엇을 좋아하는지 알고 있는가? 무엇이 나의 가슴을 뛰게 하는가? 가족이나 친구들이 좋아하는 것은 잘 알면서 정작 자신이 좋아하는 것은 모르고 있지 않은가?

하트 속을 내가 좋아하는 것들로 가득 채워보자. 사진이나 스티커, 그림을 그려 넣어도 좋다. 바라만 봐도 좋은 것들로 가득 채워보자.

내가 좋아하는 것들로 가득 찬 하트를 보는 것만으로도 스스로의 마음은 행복으로 가득해질 것이다.

지금 생각 써보기

일상 중 어느 때라도 잠깐 멈추어 '바로 지금' 떠오르는 생각과 느낌을 적어본다.

우리의 생각은 미래로, 과거로 내달리며 현재를 살지 못하게 방해하고는 한다. 지금 내가 무슨 생각을 하고 있는지 글로 써보며 생각을 친절히 현재로 데리고 오자.

지금, 여기, 나는 존재한다.

기분 그림 그리기

맑은 하늘에 구름이 생기고, 비를 내리다 다시 맑아지듯 우리의 기분도 그러하다. 좋았다가 슬퍼지기도 하고 화가 나기도 하지만, 시간이 지나면 구름처럼 사라지기 마련이다.

맑은 하늘처럼 깨끗한 도화지에 구름을 그리고, 자신의 기분을 표현하는 색을 칠해보자. 어떤 기분이 느껴지는지, 왜 그렇게 표현했는지 이유도 함께 써보자.

이렇게 나의 기분을 인식하게 되면 기분에 휘둘리지 않고, 감정을 차분하게 바라보며 흘려보낼 수 있게 된다. 스스로를 깊이 이해하게 되고, 삶을 더 좋은 방향으로 이끌어나가는 건강한 결정을 할 수 있게 된다.

감각을
통한

다양한
명상

촛불명상

마음이 불안한 사람들에게 유익한 명상법으로 집중력과 기억력을 향상시키고 신경계의 균형을 유지하며 우울증, 걱정, 불면증 등을 완화해준다.

초의 높이는 눈보다 약간 낮게 하고 촛불과의 거리는 1미터 전후로 한다. 촛불 끝부분에 의식을 두고

촛불을 일정 시간 바라본다. 눈이 피로해지면 눈을 감고 촛불의 잔상을 바라본다.

처음에는 작게 보이던 촛불이 점점 크게 보이고, 밝은 빛이 내 몸 안에 가득 채워짐을 느낄 수 있을 것이다. 서서히 시간을 늘려보며 반복한다. 렌즈를 끼고 있는 사람은 렌즈를 빼고 하기를 권장한다.

촛불명상은 눈 자체를 정화하고 마음을 고요하게 만들어 나의 내면을 그대로 바라볼 수 있도록 이끌어 준다.

싱잉볼 명상

싱잉볼, singing bowl이란 노래하는 그릇이라는 의미로 명상이나 연주 또는 치유를 위한 테라피 용도로 사용해온 도구이다.

싱잉볼은 구리와 주석 등의 금속으로 만들어지며, 그 두께와 크기에 따라 각 싱잉볼 만의 고유한 소리를 낸다.

연필을 쥐듯이 스틱을 잡고 싱잉볼을 가볍게 두드리거나 문질러서 소리를 낸다. 싱잉볼 소리에 의식을 집중하여 퍼지는 소리를 들어본다.

몸이 불편하게 느껴지는 부위가 있다면 테라피용 싱잉볼을 해당 부위에 올려두고 진동을 직접 느끼며 몸을 이완시켜볼 수도 있다.

싱잉볼의 깊은 울림과 진동은 우리 몸의 세포를 이완 상태로 만들어 주며, 안정된 뇌파인 알파파 상태로 변화시킨다.

싱잉볼을 고를 때는 여러 번 소리를 들어보고 나에게 가장 맞는 음을 가진 것으로 선택한다.

향기명상

우리는 향기를 통해 싱그러운 식물의 생명에너지를 몸과 마음에 받아들일 수 있다. 그 생명력은 우리의 지친 영혼을 위로하고 치유하여 삶을 더욱 향기롭게 해준다.

일상 속의 다양한 향을 통해 감각이 달라지는 것을 관찰한다. 특정 향이 신체의 어떤 부분에 자극과 변화를 준다면 잠시 머물러 관찰해본다.

코의 감각에 주의를 집중하여 알아차림으로써 현재에 머무를 수 있게 하여 집중력을 향상시키고 감정을 조절하여 몸과 마음을 이완시켜 준다.

꽃명상

생화나 화분을 눈높이에 가깝게 두고 꽃을 바라보며 편안하게 호흡한다. 꽃잎의 감촉, 온도, 잎사귀의 질감 등을 섬세하게 살펴본다. 향기가 전해질 때 느껴지는 몸의 감각에도 집중해본다.

숨을 들이쉴 때 꽃이 내어주는 자연의 에너지가 내 안으로 들어온다고 생각하고, 숨을 내쉬며 내 안의 근심과 걱정도 함께 내보낸다고 상상한다.

우리는 오감으로 온전히 자연을 느끼면서 사람 역시 자연의 일부임을 깨닫고, 모든 생명에 대한 자애의 마음을 키워갈 수 있게 된다. 우리 모두는 스스로에게 혹은 누군가에게 꽃과 같은 존재임을 느낄 수 있게 된다.

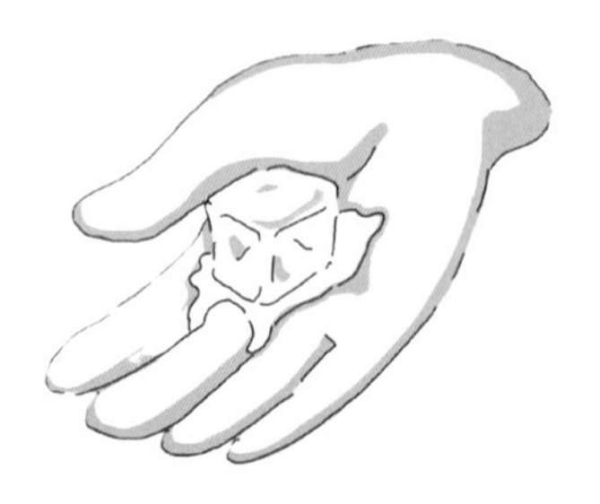

얼음명상

얼음을 손에 올려 두고 손에 느껴지는 감각과 마음의 움직임을 관찰해본다.

얼음이 피부의 감각을 차갑게 자극할 때 날카롭다고 느끼거나 묵직한 느낌이 들 수도 있다.

마음은 차가움을 피하기 위해 요리조리 도망 다닐 수도 있고 끝까지 참아내기 위해 무던하게 버틸 수도 있다. 날카롭거나 묵직하거나, 도망가거나 버티는 마음, 모두 판단 없이 바라보자. 있는 그대로 수용하는 것이 진정한 '자기애'이다.

지금 주변에 있는 물건 중 하나를 집중하여 관찰해보자. 그 물건을 볼 때 느껴지는 감각, 생각, 반응에 집중해본다.

같은 물건에 대한 알아차림을 타인과 공유해도 좋다. 다른 사람은 다른 감각을 느끼고 다른 생각과 반응을 한다는 것에 놀랄 수도 있다.

동일한 물건을 다시 볼 때 나의 감각이 이전과 달라지지 않았는지도 관찰해보자.

주변의 작은 물건 하나에도 관심을 주어 집중하기 시작하면 어느새 공간의 모든 물건들이 나를 위해 존재하고 있었음에 감사하게 될 것이다.

옷명상

우리는 몸의 보호, 나만의 개성표현 등 다양한 목적으로 옷을 입는다. 잠시 지금 입고 있는 옷에 집중해보자.

눈으로는 옷의 색과 디자인을 바라보고, 손으로는 옷의 촉감을 느껴본다. 코로는 냄새도 맡아보고, 귀로는 움직일 때 옷에서 나는 소리를 들어보자.

마음 속에서 '이 옷은 잘 어울려', '색깔이 마음에 안드는데' 등 판단의 목소리가 올라오면 알아차리고 수용하며 흘려 보낸다.

이렇게 옷에 주의를 집중해보면 옷을 바라보는 우리의 시선이 달라짐을 느끼게 될 것이다.

무심코 입어왔던 옷이 나를 가장 가까이에서 지켜주는 고마운 존재로 느껴지고, 이 한 벌의 옷이 나에게 오기 위해 수많은 사람과 자연의 도움이 있었음에 감사하게 될 것이다.

소리명상

우리는 일상 생활에서 음악, 자동차 경적, 빗소리 등 다양한 소리를 접하게 된다. 이러한 소리를 접할 때 나의 몸에서 일어나는 변화와 다양한 소리에 반응하는 나의 마음을 섬세하게 관찰해보자.

층간 소음은 짜증과 분노를 일으키기도 하지만 인적이 드문 곳에 사는 어떤 이에게는 안심을 주기도 한다. 피아노 소리는 아름다운 음악으로 들리기도 하지만 누군가에게는 소음일 수도 있다.

소리는 그저 생겼다가 어디로 갔는지도 모르게 사라지고 만다. 잠시 일어났다 사라지는 소리에 반응하는 나의 마음을 살펴보며 그 소리와 함께 일어난 감정과 생각도 사라지게 된다는 것을 알아차려본다.

음악명상

지금 어디선가 음악이 들리고 있다면 잠시 멈추어 집중해보자. 명상을 위해 마음에 안정과 위로를 주는 음악을 선택하여 활용해도 좋다.

음악에 몸과 마음을 내맡겨보자. 나의 호흡, 몸에 느껴지는 감각에 주의를 기울여 본다.

가사가 있는 음악이라면 그 가사의 내용에 반응하는 나의 몸과 마음의 변화도 관찰해본다.

소리와의 접촉을 통해 내 마음의 빈 공간에 펼쳐지는 다양한 파노라마를 알아차린다.

어느새 인생이 음악이 되어 모든 것이 나를 위해 흘러갈 것이다.

독서명상

책을 읽을 때 느껴지는 감정과 신체의 반응에 주의를 기울여 본다.

삽화가 있는 페이지나 그림책을 볼 때는 그림에 잠시 머물러 본다. 내 마음이 그림의 어디에 머무는지 관찰해본다.

비판적인 기사를 읽을 때와 아름다운 시를 읽을 때, 나의 몸과 마음이 어떻게 반응하며 달라지는지 알아차린다.

글을 통해 받아들여진 정보를 판단 없이 알아차리는 순간 우리는 사실을 왜곡시키지 않게 되며, 정확한 정보의 기반 위에서 삶을 위한 가장 좋은 선택을 할 수 있다.

차 명상

좋아하는 차를 준비하여 명상을 해보자.

커피를 내리기 위해 원두를 갈아야 한다면 원두의 모양과 향, 그라인더에 떨어지는 커피콩의 소리, 콩이 갈리는 느낌, 물을 닿아 부풀어 오르는 커피가루의 모양과 소리, 컵에서 느껴지는 온도와 촉감 등에 주목한다.

준비된 커피나 차를 잔에 담아 차의 색, 찻잔의 질감, 온도를 관찰하며 향을 깊이 들이 마신다. 차를 한 모금 마셔 혀 위에 올려 두고 그 맛과 감각을 느껴본다. 차를 마시는 동안 생각이 떠오르면 알아차리고 의식을 다시 차로 돌린다.

차 한 잔에 오롯이 집중하는 시간을 통해 오히려 나 자신에 집중할 수 있다. 이 한 잔의 차가 나에게 오기까지 수많은 사람들의 수고가 있었음에 감사하며 삶의 풍요로움에 흠뻑 빠져볼 수 있는 시간을 가질 수 있다.

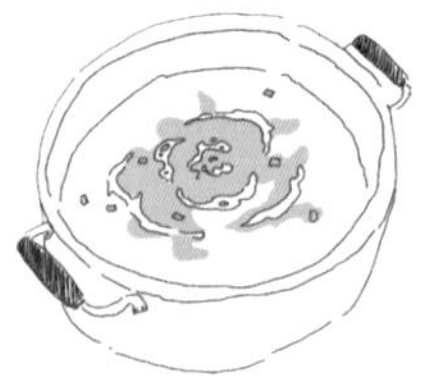

라면 명상

무언가 잘 풀리지 않는 일이나 문제가 있다면 라면 명상을 해보자.

깨끗한 냄비에 물이 끓어가는 모습을 관찰하며 라면 스프가 풀어지면서 국물의 색이 달라지는 것을 호기심 어린 눈으로 바라보자. 늘 하던 행위가 새롭게 느껴질 것이다.

꼬불꼬불 잔뜩 꼬여 굳어 있는 라면을 끓어오르는 국물에 넣어보자. 라면 면발이 뜨거운 국물 안에서 스르르 풀려나가는 것을 보며, 풀리지 않던 일이나 문제들도 함께 풀려나간다고 상상해보자.

스르륵 풀린 라면 면발을 후루룩 맛있게 먹다 보면, 어느새 모든 일들도 자연스레 풀려 흘러갈 것이다.

젤리 명상

무의식적으로 심심풀이 삼아 먹던 젤리에 주의를 기울여 보자.

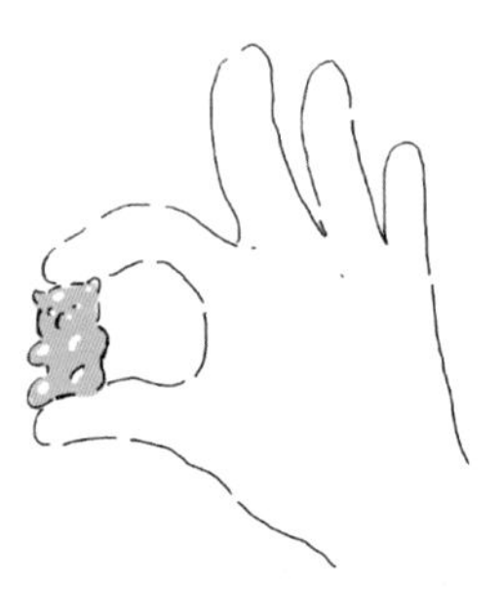

젤리를 손가락으로 잡아 말랑말랑한 질감을 느껴본다. 젤리의 색깔을 살펴보고 향도 맡아본 뒤 손을 입으로 가져간다. 혀 끝으로 젤리의 표면을 탐색해보며 젤리에서 나오는 맛의 감각을 느껴보자. 입에

고이는 침에도 주의를 기울이고 씹을 때 젤리의 변화도 관찰해본다. 젤리를 삼키며 목에서 느껴지는 감각을 느껴본다.

아무 생각없이 입으로 넣었던 젤리가 한없이 귀엽게 느껴지고, 작은 젤리 한 알이 주는 달콤한 행복에 푹 빠질 것이다. 우리는 젤리 한 봉지로도 한없이 행복해질 수 있는 존재임을 느끼게 될 것이다.

귤 명상

귤이나 오렌지와 같은 껍질이 있는 과일을 먹을 때 먹기명상을 해보자.

귤 껍질의 색과 촉감, 향을 관찰하고 천천히 주의를 기울여 껍질을 벗겨본다. 껍질 아래 감추어진 여러 개의 귤 조각들이 평소와 달리 새롭게 보일 것이다. 한 조각 떼어내어 그 작은 조각 속에 들어있는 탱글탱글 수많은 알갱이들을 관찰해본다. 마치 현미경 아래에 두고 자세히 관찰하는 것처럼 천천히 귤 조각을 관찰해본다.

입으로 가져가 터져 나오는 과즙의 느낌을 살펴본다. 알갱이를 하나 터뜨려보면 그 작은 알갱이에 생각보다 많은 과즙이 들어있음에 놀라게 될 것이다.

씹을 때 입의 움직임, 씹는 소리, 떠오르는 생각과 감정에도 주의를 기울인다. 귤을 삼키고 목으로 넘어갈 때의 감각을 느껴본다. 식도를 지나 위장에 닿아 귤의 느낌이 사라지는 마지막까지 집중해본다.

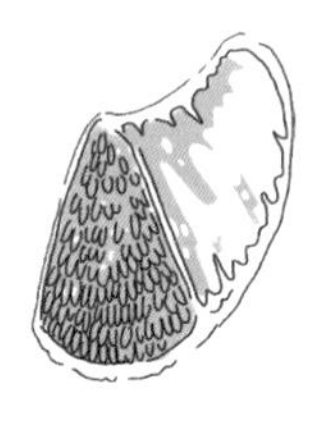

평소 무심코 먹던 귤 한 조각 안에 엄청난 싱그러움의 향연이 담겨있음을 느끼게 될 것이다.

감각 알아차리기

긴장을 하면 몸도 같이 경직되고, 화가 날 땐 심장이 빨리 뛰기 시작하고 얼굴이 뜨거워진다. 반대로 심장이 뛰고 얼굴이 뜨거워지면 우리의 뇌가 그 상태를 화로 인지할 수도 있다. 우리의 몸과 마음은 서로 영향을 주고 받는 것이다.

이렇게 우리의 몸과 마음은 서로 연결되어 있다. 잠시 눈을 감고 몸에 느껴지는 감각을 관찰해보자. 몸의 감각을 통해 감정도 함께 보살필 수 있다.

좋은 감각, 나쁜 감각을 구분하거나 바꾸고 싶은 욕망을 내려놓고 느껴지는 감각을 있는 그대로 경험해보는 것이 중요하다.

활동을 통한

다양한 명상

역할떼기

현대사회에서 개인은 사회적인 성공이라는 목표를 위해 맹목적으로 살아가기 쉽고, 본연의 모습이 아닌 역할로서만 존재하게 될 때가 많다. 이러한 존재양식이 지속되면 결국 역할만이 남게 되어 자신이 역할들을 해내기 위해 존재한다거나, 그 역할을 하지 않으면 존재의 이유가 없어진다고 느끼게 된다. 우리의 삶은 공허해질 뿐이다.

현재 나의 역할들을 포스트잇에 써서 벽에 붙인 후 주의집중하여 바라본다. 걱정이나 목표를 써도 좋다. 붙여놓은 역할이나 걱정, 목표는 나를 규정하는 내가 아님을 알아차리며 하나씩 떼어낸다. 떼어낼 때 마음의 변화에 집중해본다. 어떤 구속에서 벗어나는 자유로움이 느껴질 것이다.

모든 것을 떼어낸 후 텅 빈 나를 바라보면 역할이 사라져도 내 존재는 사라지지 않음을 깨닫게 될 것이다. 역할을 훌륭하게 해낸 자신을 인정하고 사랑하는 것이 아니라, 지금 있는 그대로의 나를 받아들이고 사랑하게 될 것이다. 오로지 나 자신에 집중하여 본연의 나로 살아갈 때 삶은 오히려 더 풍요로워진다.

듣기 명상

누군가와 대화를 나누는 중이라면 그 시간을 명상의 시간으로 활용해보자.

듣기명상은 상대방에게 온전히 집중하여 듣는 명상이다. 3~5분 정도의 시간을 정해두고 상대방의 말을 들어주는 시간을 가져보자. 상대의 말을 끊지 말고, 질문도 하지 않으며, 그 어떤 판단이나 선입견 없이 상대가 말할 수 있는 공간을 넉넉히 마련해준다.
이번에는 반대로 내가 말하는 시간을 가져본다. 내 마음 가는 대로 편안하게 하고 싶은 말들을 하면 된다.

이러한 활동을 처음 해 본다면 3~5분이 상당히 긴 시간임을 알게 된다. 그 정도의 시간 동안 누구의 간섭이나 방해없이 말해 본 적이 별로 없었다는 것에 놀라게 될 것이다. 3~5분 정도라도 충분히 말하고 듣는 동안 서로에 대한 이해가 깊어지고 신뢰가 쌓이며 보다 친밀해질 것이다.

늘 함께하는 가족이나 친구들과 듣기 명상을 해보자. 새로이 알게 되는 모습에 깜짝 놀랄 수도 있다. 낯선 사람과 함께 한다면 짧은 시간 안에 서로를 더 많이 알게 되는 계기가 될 것이다.

걱정 비누

현대사회를 살고 있는 우리는 수많은 걱정과 고민, 불안에 사로잡혀 살고 있다. 그 감정에 휩쓸리지 않고, 있는 그대로 바라보며 흘려 보내야 하지만 그러기가 쉽지 않다.

비누를 통해 걱정을 씻어 흘려 보내는 행위를 시각화해 봄으로써 걱정과 불안으로부터 자유로워질 수 있다.

나의 걱정과 불안을 두 손에 모아본다. 비누로

거품을 내어 손을 씻으며 걱정과 불안도 함께 씻겨 내려간다고 상상한다.

거품이 날 때의 느낌, 물이 닿는 감각, 씻겨 내려갈 때의 느낌에 집중해본다.

깨끗해진 손의 감각과 잔향을 알아차림한다.

거울명상

거울의 자신에게 긍정적인 말을 하는 것은 자신감과 자존감을 기르는데 도움이 된다.

스스로에게 긍정적인 말을 반복할 때 우리는 그 말을 믿기 시작한다. 우리의 능력과 장점에 대해 자신감을 갖도록 해주며 삶의 긍정적인 변화를 만들 수 있다.

거울 속에 비친 나의 눈, 코, 입, 귀, 머리, 얼굴을 가만히 바라본다. 거울 속의 나의 얼굴을 만져본다. 거울 속의 나에게 말을 걸어본다. 질문을 해도 좋다.

처음에는 거울 속의 나와 눈을 마주치기 조차 쉽지 않을 수 있다. 거울 속에 비친 낯선 나의 모습에 당황할 수도 있다. 무슨 말을 해야 할지 입이 떨어지지 않을 수도 있다. 눈물이 난다면 울어도 좋다. 그저 거울 속의 나와 함께 있어주는 시간을 가져본다.

내 인생은
나에게 가장
유리하게 흘러가고
있다.
모든 일은
나에게가 아니라
나를 위해 일어난다.
인생은
내게 좋은 것만
가져다 준다.

잠자기 전 긍정확언

잠을 자려고 누웠을 때 온갖 걱정들에 매몰되어 쉽게 잠들지 못하거나 악몽에 시달리는 등의 경험은 누구에게나 한번쯤은 있을 것이다. 누군가는 지속된 걱정과 불안으로 불면증에 이르기도 한다.

잠자리에 누워 내일에 대한 걱정을 하는 대신 잠자는 나를 위해 긍정확언을 해주는 건 어떨까. 바디스캔을 해준다면 한결 편안함을 느낄 것이다.

내 인생은 나에게 가장 유리하게 흘러가고 있다.

인생은 내게 좋은 것만 가져다 준다.

모든 일은 나에게가 아니라 나를 위해 일어난다.

잠을 자는 동안 나의 무의식이 긍정확언을 듣고 안정된 잠을 이루게 될 것이며 확언이 가져다주는 긍정의 에너지가 나의 삶을 풍요롭게 할 것이다.

나만의 긍정사인 만들기

평소에 내가 잘했다고 느꼈거나 아주 행복한 상태라고 느껴질 때 그 순간을 간직할 수 있는 신체 사인을 만들어보자.

엄지척 또는 OK 사인, 손하트 등 신체 동작도 좋고, '좋았어~!!', '아자, 아자!' 등의 말이어도 좋다. 그 순간의 긍정적인 행복 에너지를 담을 수 있는 작은 사인이면 충분하다.

스스로 긴장과 불안 혹은 슬픔 속에 있다고 느낄 때 그 신체 사인을 사용해보자. 아주 작은 사인 하나를 했을 뿐인데 그때의 좋은 감정으로 손쉽게 전환할 수 있을 것이다.

이너피스존 만들기

아주 작은 공간, 혹은 작은 상자라도 좋으니 내가 좋아하는 것들을 모아본다.

예쁜 사진, 책, 편지, 추억이 담긴 장난감 등 나를 행복하게 하고 마음을 평온하게 하는 어떤 것이라도 좋다.

이 곳을 지친 일상에서 잠시 나만을 위한 충전의 공간으로 활용해 보길 바란다. 잔뜩 지친 마음은 내가 모아 놓은 다양한 것들에 의해 어느새 위로를 받으며 평온과 함께 새로운 에너지를 얻게 될 것이다.

스노우볼 명상

우리는 스노우볼을 통해 휘몰아치는 감정이 차분히 가라앉는 모습을 시각화하여 알아차림의 기회로 삼을 수 있다.

스노우볼의 눈송이가 내려앉는 것을 심호흡을 하면서 바라보면 내 안의 휘몰아 쳤던 화, 분노, 걱정, 불안 등도 차분히 가라앉는 것을 느낄 수 있다.

스노우볼의 흩날리는 눈송이가 아름다운 것처럼 휘몰아치는 감정이 나쁜 것이 아니다. 오히려 우리의 인생을 풍요롭고 아름답게 만들어주는 요소라는 것을 느끼게 될 것이다.

때로 우리를 아프게도, 괴롭게도 하는 감정들이라도 잘 흘러 보내면 우리의 삶은 어느새 아름다워진다.

스노우볼은 인터넷으로 쉽게 구입할 수 있다. 빈 유리병과 물풀, 반짝이만 있으면 집에서도 손쉽게 만들 수 있으니 나만의 스노우볼을 만들어보는 것도 좋겠다.

감정 마트료시카 명상

우리는 끊임없이 다양한 감정을 느끼며 살아간다. 중요한 것은 이 감정에 휘둘리지 않는 방법을 찾는 것이다. 그 감정에 매몰되어 계속 붙잡혀 있기보다는 올라오는 감정을 흥미로운 관점으로 바라보며 내 것으로 수용해 주는 것이 좋다.

수용의 과정을 통하여 그 감정과 관계를 잘 맺고 내려놓을 수 있다. 내가 느끼는 다양한 감정들에 '좋다', '나쁘다'라는 판단하기를 멈추고 있는 그대로를 바라본다면 우리의 삶은 자유롭고 풍요로워질 것이다.

먼저 최근의 느꼈던 감정들을 종이에 써본다. 이

감정들 중 나에게 영향을 가장 크게 미치는 순서대로 감정의 크기를 정해본다. 감정의 크기별로 마트료시카에 감정의 이름을 붙인다.

꾸미기 재료를 이용하여 마트료시카에 감정을 시각화하면 그 감정을 객관적으로 바라볼 수 있다. 시간의 흐름에 따라 나의 감정의 우선순위가 어떻게 바뀌는지도 관찰해본다.

무지 마트료시카 인형은 인터넷으로 간단히 구입할 수 있다. 집에 있는 스티커나 색연필, 싸인펜, 매직 등을 이용하여 손쉽게 꾸며보자.

감사컵/그릇 만들기

매일 사용하는 컵과 그릇에 나를 평온하게 해주는 문구 혹은 그림 등을 그려 넣어보자.

나를 위해 만든 컵과 그릇을 사용하여 물을 마시고 음식을 먹을 때마다 잊고 있던 마음챙김을 되새김할 수 있을 것이다.

시중에서 쉽게 구할 수 있는 세라믹 마커와 무지 그릇만 있으면 에어프라이어나 전기오븐을 이용해 간단히 만들 수 있다.

지우개 명상

지우고 싶은 기억, 현실, 걱정, 불안 등이 있다면 걱정 지우개로 깨끗하게 지워보자.

하얀 종이 위에 연필로 지우고 싶은 것들을 크게 쓰고, 지우개로 정성스럽게 지워보는 것이다.

지우개로 글씨가 지워지는 것을 바라보며 자신을 괴롭히던 걱정거리들도 함께 사라지고 있다고 상상해보자. 깨끗해진 하얀 종이처럼 우리의 마음도 말끔해질 것이다.

나를 괴롭히던 무수한 것들은 어느새 사라지고 고요해진 나를 맞이할 수 있을 것이다.

돌돌이 명상

평소 옷이나 침대 혹은 쇼파 등에 달라붙어 잘 떨어지는 않는 먼지들을 테이프 클리너 돌돌이로 떼어본 경험이 있을 것이다. 쉽게 구매할 수 있는 테이프 클리너를 '걱정 돌돌이'로 사용해보자.

나의 몸과 마음, 주변 여기 저기에 붙어서 나를 괴롭히던 걱정, 근심, 불안이 내 주변에 먼지로 내려앉았다고 상상하고 그 먼지를 돌돌이로 깨끗하게 떼어내보자. 먼지와 함께 나를 괴롭히던 것들도 말끔히 떨어져 나갔다고 생각해보자. 마음이 훨씬 가벼워짐을 느낄 것이다.

집, 회사, 차량 등에 걱정 돌돌이를 구비해 보자. 머리가 복잡하거나 마음이 괴로울 때 쉽고 빠르게 가벼워질 수 있을 것이다.

화분 명상

아주 작은 것이라도 좋으니 화분을 준비해보자. 정해진 시간에 물을 주고, 태양빛을 쬐어주며, 적절한 바람도 공급해주면서 식물을 가꿔보자.

식물 가꾸기에 집중하는 동안 생각과 걱정들은 사라지고 여린 생명을 돌보는 행위를 통해 어느새 겸허해지는 자신을 발견하게 될 것이다.

화분을 키우며 생명체가 성장하고 변화하는 과정을 지켜볼 수 있고 이 세상의 모든 생명은 연결되어 서로 도움을 주고받고 있음을 자연스럽게 알게된다. 싱그러운 식물과 함께 스스로도 정화됨을 느낄 수 있을 것이다.

움직임을
통한

다양한
명상

웃음명상

우리는 웃을 때 얼굴의 모든 근육이 이완되고 긴장이 사라져 행복한 감정을 느끼게 된다. 입꼬리를 올리는 것만으로도 우리의 뇌는 웃는 것으로 착각하여 행복한 호르몬을 내보낸다고 한다.

행복해서 웃는 것이 아니라 웃어서 행복해질 수 있으니 억지로라도 웃어보자. 처음에는 어색하더라도 큰 소리로 웃어보자. 점차 자연스럽게 웃는 나를 볼 수 있다.

절명상

절을 하는 동작은 머리, 목, 어깨, 허리, 배, 종아리, 무릎, 발목, 발 등을 사용하여 허리를 굽혔다, 폈다를 반복하는 전신운동이다. 전신근육을 자극하여 체지방 연소에 큰 효과가 있고, 머리가 땅에 닿는 동작을 반복함으로써 뇌에 혈액이 충분히 공급되어 머리가 맑아진다.

절을 하며 몸을 숙이는 동작을 통해 우리는 마음의 자만심을 잠시 내려놓고 겸허해질 수 있다.

또한 스트레스 해소에 도움이 되며 마음을 안정시켜주고 집중력 향상에도 도움을 준다.

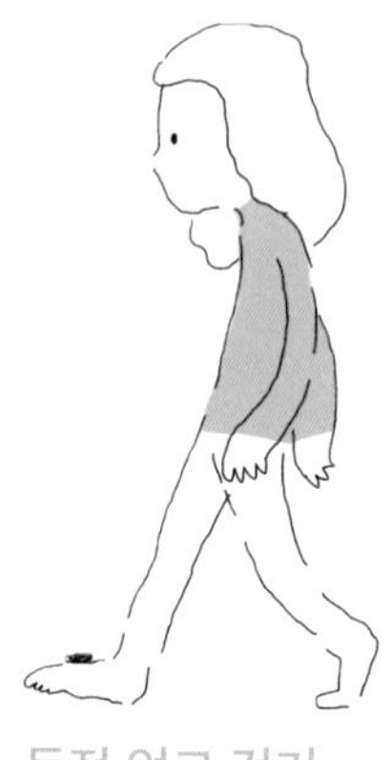

동전 얹고 걷기

발 등에 동전 혹은 납작한 물건을 올려 떨어지지 않도록 주의를 기울이며 걸어본다. 집중하여 걸으며 오롯이 감각에만 집중할 수 있다.

동전을 떨어뜨리지 않기 위해 균형을 유지하려는 발과 다리의 근육의 느낌까지 관찰해보며 조심조심 걸어보자. 집중하며 걷다 보면 우리 삶의 균형도 맞춰나갈 수 있을 것이다.

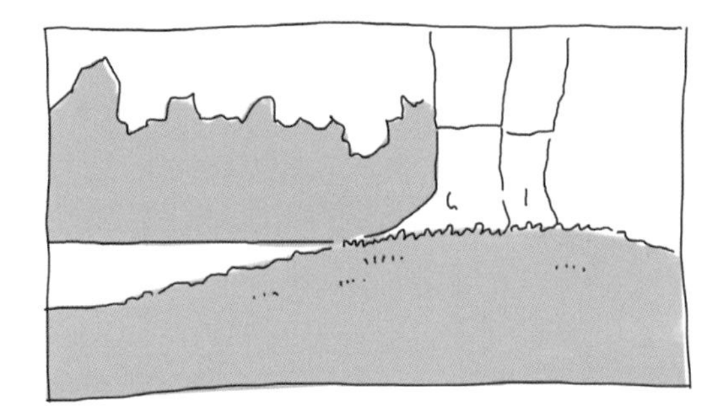

다양한 질감 걷기

바닷가, 잔디밭, 황토길 등 다양한 질감을 가진 길을 걸어보며 발바닥과 지면이 닿는 느낌을 관찰해본다.

맨발 걷기도 시도해보자. 맨발 걷기는 심혈관계 기능 개선, 위장장애 해소, 불면증과 우울증 해소, 면역력 증가 등의 효과가 있다. 맨발을 통해 느껴지는 땅의 질감에 오롯이 집중해보자. 지구와 내가 연결되어 있음을 느끼게 될 것이다.

빠르게 느리게 걷기

의식적으로 빠르게 걸으며 나의 호흡과 근육의 움직임의 변화를 느껴본다. 이제 의식적으로 느리게 걸으며 마찬가지로 호흡과 근육의 변화를 느껴본다.

속도를 조절하여 걸으며 주변 풍경의 변화도 알

아차려 본다. 내가 걷는 속도에 따라 변화되는 것들을 인식하며 나에게 맞는 속도를 찾아본다.

누군가의 속도에 억지로 맞추며 살아갈 필요가 없음을 느끼게 될 것이다.

안하기 의자 명상

바쁜 현대인들은 잠시라도 가만히 있을 틈이 없다. 늘 무언가에 분주하게 쫓기는 하루하루를 살아가고 있다. 잠시 나에게 아무것도 안 할 수 있는 시간을 주는 것은 어떨까.

편안한 의자를 찾아 '안하기 의자'라고 이름을 지어준다. 그 의자에 앉는 순간 만큼은 아무것도 하지 않기로 스스로에게 약속을 한다.

일상생활 중 잠시 안하기 의자에 앉아 아무것도 하지 않고 충분히 이완하며 쉬어 보자. 처음엔 힘들 수 있다. 의자에 앉자 마자 수많은 할 일들이 자신을 괴롭힐 수도 있지만, 시간이 지나면 어느새 그 의자에 앉는 순간 평온해지는 자신을 발견하게 될 것이다.

춤명상

춤이라고 하여 K-POP 댄스를 상상하고 놀란 사람들이 있을 것이다. 여기서 말하는 춤은 자연스러운 몸짓이라고 생각하면 된다.

춤을 통해 몸을 움직이며 미래나 과거에 붙잡혀 있는 마음을 지금 현재로 가져올 수 있다. 음악에 맞춰 몸이 가는 대로 그저 움직여보자. 다른 누구의 시선도 의식할 필요가 없다. 춤을 잘 추는 사람이든 몸치이든 상관없다.

나의 마음을 가장 잘 표현하는 최고의 춤꾼은 오로지 나 자신임을 잊지 말자. 그저 몸 가는 대로 자유로운 춤 동작을 통해 몸과 마음의 막힌 에너지가 녹아 흐르게 될 것이며 우리의 몸은 자연스럽게 치유될 것이다.

알아차림을
위한

다양한
명상

생각과 사실 구분하기

우리는 주관적인 생각이나 감정을 객관적인 사실이라고 착각하기 쉽다. 생각과 감정을 사실과 구분하지 못할 경우 우리는 사실을 왜곡하게 되고, 상황과 감정에 압도당하여 올바른 판단을 하기 어려운 상태가 된다. 사실과 생각을 분리하고 나면 나의 감정과 생각이 과장되어 있다는 것을 발견할 수 있다.

나를 힘들게 하는 사건을 자세히 써보고 그 문장들이 사실인지 생각인지 구분해보자. 문장의 대부분은 생각과 감정임을 알게 될 것이다. 예를 들어 '돈이 없어 불행하다'라는 글을 썼다면 '돈이 없다'는 것이 사실인지 확인해본다. 무엇과 비교해 돈이 없다는 결론을 내리게 되었는지 되짚어본다. 돈이 없으면 반드시 불행한 것이 사실인지 생각해본다. '불행하다'는 것은 확정된 사실이 아니라 내가 느끼는 불안한 마음과 우울함의 표현이다.

이렇게 감정과 사실을 구분하다 보면 나를 괴롭히던 대부분의 것들은 생각이었음을 알아차리게 된다. 우리는 생각과 감정의 분리를 통해 감정적이고 즉흥적인 대응이 아니라, 안정적인 선택을 하게 되며 삶은 평온해진다.

생각 뒤집기

내가 옳다고 생각하는 문장을 반대로 써 보자. 예를 들어, 앞의 '돈이 없어 불행하다'라고 생각한 문장을 뒤집어 써보자.

1. 돈이 없어 불행하다
2. 돈이 없어 행복하다.
3. 돈이 많아 불행하다.
4. 돈이 많아 행복하다.

'나는 돈이 없어 불행하다'고 생각했다. 그러나 우리 주변에는 돈이 없어도 행복해 하는 사람들이 있고, 돈이 많아도 불행한 사람이 있다. 뒤집어 본 문장들을 하나하나 살펴보면 내가 어떤 생각에 매몰되어 있는지 알아차릴 수 있게 된다.

나는 돈이 없기 때문에 불행하다고 생각했지만 돈이 없어도 행복한 삶을 선택할 수 있고, 돈이 많아도 불행해 질 수 있다는 것 역시 알게 되었다.

우리는 돈과 관계없이 행복해질 수 있는 삶을 선택할 수 있는 것이다. 내가 무엇을 선택할지에 따라 나의 인생은 달라지게 된다.

나의 행복은 내가 만들어가는 것이며 나는 나의 선택에 따라 얼마든지 행복해질 수 있다.

감정나무 마인드맵

우리가 느끼는 감정을 억누르거나 회피하는 것은 우리의 정신건강은 물론 대인관계에도 부정적인 영향을 미치게 된다.

우리가 느끼는 감정에 대해 좋거나 나쁘다는 판단을 하지 않고 그저 알아차리면 그 감정은 자연스럽게 흘러간다. 감정의 변화에 휘말리지 않고 살아갈 수 있다.

지금 느껴지는 감정을 가장 잘 표현하는 단어를 골라 감정나무에 써보자. 나의 내면을 구성하고 있는 감정들을 섬세하게 바라보며 나만의 감정나무를 키워보자. 나의 감정들은 어느새 아름다운 숲이 되어 나의 삶을 풍요롭게 할 것이다.

감정표현 모음

분노

Grumpy 툴툴대는

Frustrated 좌절한

Annoyed 짜증내는

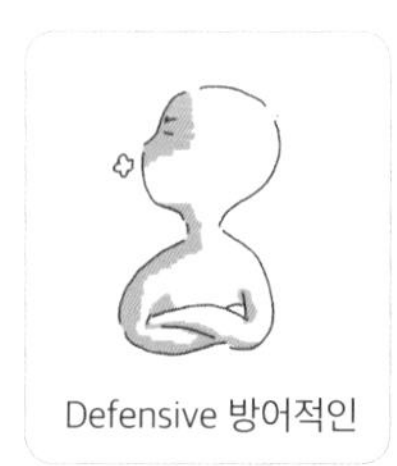

Defensive 방어적인

Spiteful 악의적인

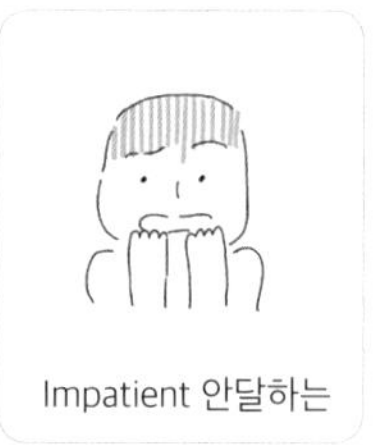

Impatient 안달하는

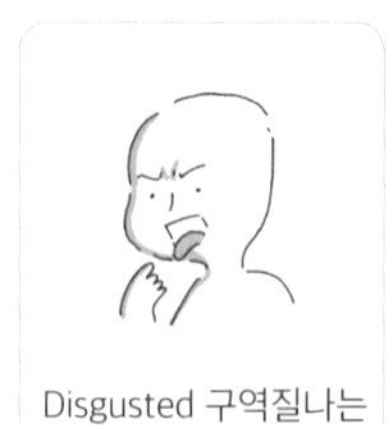

Disgusted 구역질나는

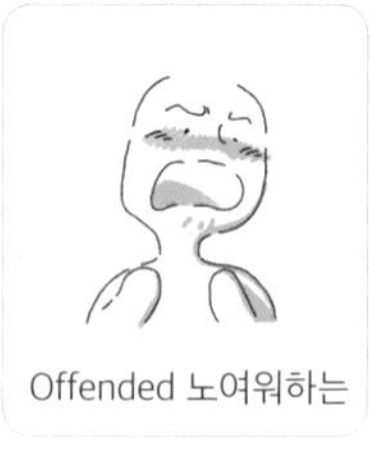

Offended 노여워하는

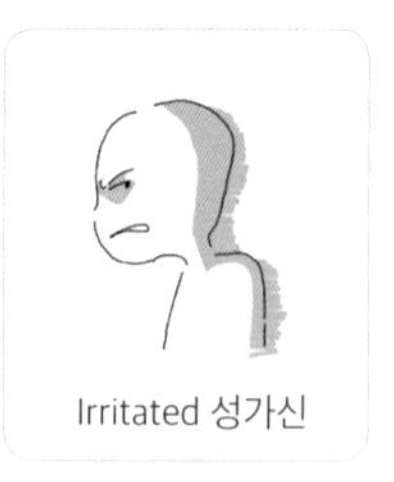

Irritated 성가신

Disappointed 실망한

Mournful 비통한

Regretful 후회되는

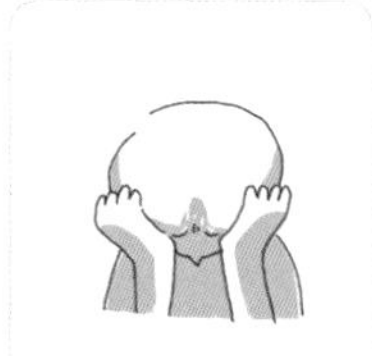
Depressed 우울한

Paralyzed 마비된

Pessimistic 염세적인

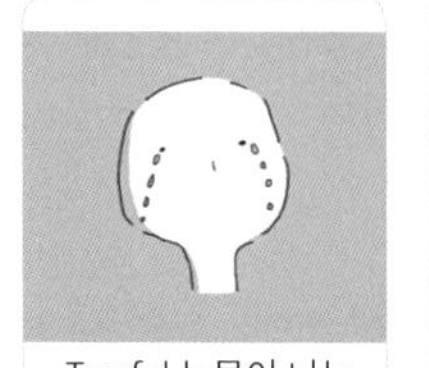
Tearful 눈물이 나는

Dismayed 낭패한

Disillusioned
환멸을 느끼는

불안

Afraid 두려운

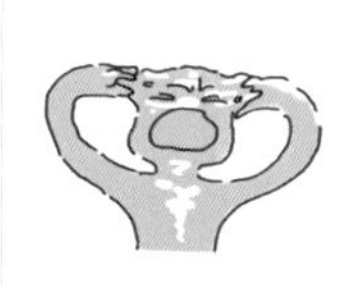

Stressed 스트레스 받는

Vulnerable 취약한

Confused 헷갈리는

Bewildered 당혹스러운

Skeptical 회의적인

Worried 걱정스러운

Cautious 조심스러운

Nervous 신경쓰이는

상처

Jealous 질투하는

Betrayed 배신당한

Isolated 고립된

Shocked 충격받은

Deprived 궁핍한

Victimized 희생된

Aggrieved 억울한

Tormented 괴로워하는

Abandoned 버려진

Isolated 격리된

Self-conscious
남을 의식하는

Lonely 외로운

Inferior 열등한

Guilty 죄책감의

Ashamed 부끄러운

Repugnant 혐오스러운

Pathetic 한심한

Confused 헷갈리는

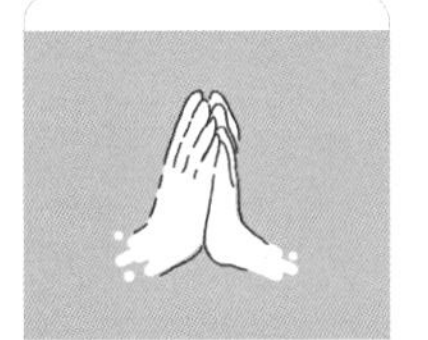

Thankful 감사하는

Trusting 믿는

Comfortable 편안한

Content 만족한

Excited 흥분한

Relaxed 느긋한

Relieved 안도하는

Elated 신이 난

Confident 자신하는

감정분류 출처 · 하버드 비즈니스 리뷰[11]